LA ESPIRITUALIDAD
DE UN VIEJO

LA ESPIRITUALIDAD DE UN VIEJO

Conociendo nuestro propio espíritu

Hiram Dorado

Información de la imprenta disponible en la última página.

Fecha de revisión: 14/06/2018

Para realizar pedidos de este libro, contacte con:
Palibrio
1663 Liberty Drive
Suite 200
Bloomington, IN 47403
Gratis desde EE. UU. al 877.407.5847
Gratis desde México al 01.800.288.2243
Gratis desde España al 900.866.949
Desde otro país al +1.812.671.9757
Fax: 01.812.355.1576
ventas@palibrio.com
779633

ÍNDICE

«Es en nuestra espiritualidad donde crecemos como seres humanos. Esta no se encuentra en la asistencia regular a una iglesia ni tampoco en las obediencias que llevemos, mucho menos en las cosas que aprendemos de memoria: esta espiritualidad solo está en la práctica; y quien no practica no se equivoca, y quien no se equivoca nunca crece».

Hiram Dorado

PRÓLOGO

MUCHAS PERSONAS PIENSAN que la espiritualidad del ser humano solo consiste en las actividades religiosas que ejerce, sean estas la oración, el ayuno, la lectura, la meditación, el estudio, la congregación, etcétera. Pero sería una contradicción aceptar que somos seres espirituales solamente cuando nos conviene y no admitir que, como seres espirituales que somos, también ejercemos ciertas actividades espirituales, consciente o inconscientemente. La indiferencia o el discernimiento no afectan la realización de esas actividades espirituales que hacemos normalmente, a veces hasta involuntariamente; solo nos ayudan a darles una mejor interpretación o un mejor sentido, y a no obrar como androides o con una ceguera espiritual ante las cosas que no vemos o que tampoco podemos entender.

Para tener un mejor entendimiento del tema, debemos aceptar que también vivimos diferentes etapas espirituales durante el transcurso de nuestra vida, y estas pueden ir en ascenso o en descenso hacia nuestra calidad como seres espirituales. Estos períodos se van desplegando conforme a la misma capacidad o magnitud que tengamos en el atrevimiento de buscar, analizar, descubrir y apreciar todas las cosas espirituales, aun aquellas que no conocemos. Por lo tanto, ninguna de estas etapas es manifestada hasta que uno no esté listo o no tenga suficiente hambre (deseo) para buscarlas.

La espiritualidad de cada ser humano solo depende de él: hay quienes poseen un espíritu fuerte; otros, uno débil; hay personas con una intuición muy desarrollada y otras con una ceguera demasiado obsesiva en cuanto a estos temas, pero las diferentes condiciones de cada individuo y su propia aprensión al asunto no son factores suficientes para negar la realidad de nuestra naturaleza espiritual.

Hay personas que mueren dejando un legado espiritual muy grande y hermoso —de esto hablaremos en el capítulo «Inmortalidad»—, pero hay otras que vinieron a este mundo y, pudiendo haber vivido una vida aún más larga que aquellos que nos dejaron un legado muy hermoso, solo dejan sombras y dudosos indicios de su existencia por medio de recuerdos vagos que quedan restringidos a cosas materiales (fotos, prendas, muebles, aromas, regalos, panteones, documentos, etcétera). Aun así, el legado no invalida la certeza de nuestra espiritualidad.

Ahora bien, si tomamos también la palabra «legado» como «testamento», podremos comprender mucho mejor que hay diferentes formas de dejar un testamento (o un legado). Y al relacionar estas dos palabras, entenderemos la importancia de apreciar realmente lo que es nuestra propia espiritualidad. Esta comparación de palabras puede ser un poco simple, pero cuando juntamos «testamento» o «legado» con «espiritualidad», es como si una no pudiera existir sin la otra. Por eso es importante entender que la espiritualidad de la persona va a dejar marcas en la vida de los demás.

En palabras más sencillas, la espiritualidad es lo relativo a la calidad de nuestra alma. Aunque hay personas que desearían divorciarse de esa palabra y romper todo enlace que las haga sentirse unidas a ella por repudio a la religión, «religión» y «espiritualidad» son dos términos muy distintos. «Espiritualidad» es la condición y naturaleza de espiritual, y el conocimiento de lo espiritual, por su parte, está vinculado a una entidad no corpórea, al alma racional, a la virtud que alienta al cuerpo para obrar.

La mayoría de los no creyentes tienen un concepto erróneo en cuanto a espiritualidad en general, y limitan este vínculo solamente entre nosotros, como seres humanos, y Dios mismo u otra divinidad. Y por no querer saber más de Dios, prefieren ignorar todo lo que tenga que ver con lo espiritual. Pero a veces, es tan extremo su deseo de no estar conectados con Dios que buscan en su misma rebeldía todo lo relacionado con los espíritus o con el más allá. De una forma u otra, desean poder encontrar esa fuente u origen que les dio vida.

Otra razón por la que hay muchas inclinaciones hacia lo espiritual es porque Dios nos brindó el regalo de ser semejantes a Él (seres espirituales como Él), pero tal regalo no fue dado con condiciones. Su mismo amor incondicional —que siempre viene libre de prejuicios, condiciones y ataduras— nos permitió tener este regalo para relacionarnos con Él, pero por el mismo amor perfecto de Dios, lo espiritual solamente puede ser ejercitado a preferencia de cada persona. Y la religión, con sus propias limitaciones, prejuicios y controles, suele ser el nexo que permite al ser humano desarrollar esta relación. Desgraciadamente, la religión ha forjado ese vínculo con muchas limitaciones y prejuicios, sin darle la ampliación que requiere para entender lo que está relacionado con lo espiritual de cada persona.

Una vez que comencemos a ver nuestra espiritualidad como un peregrinaje, lograremos apreciar la forma en que adquirimos nuevos valores y nuevas experiencias que nos enseñan a respetar el silencio, la reflexión y la necesidad de saber compartir con el prójimo.

Entonces podemos decir que la espiritualidad nos ayuda a trascender de lo mundano en busca de algo más elevado y más permanente, para poder darle un sentido más real y práctico a la vida, y nuestro propio testamento es lo que dejamos para que otros continúen esta honorable búsqueda.

PREFACIO

L A ESPIRITUALIDAD DE los seres humanos es tan personal como el mismo ácido desoxirribonucleico (DNA) que se encuentra en todos nosotros. Este ácido nucleico —el principal constituyente del material genético de los seres vivos— es también la esencia de todo ser humano, y no puede compararse con el de los demás. Así también es la espiritualidad para con todos nosotros. Como habíamos aclarado antes, si la espiritualidad tiene que ver con nuestro propio peregrinaje, es necesario entender que todos llevamos (cargamos) limitaciones propias, anhelos, temores o diferentes objetos y experiencias que hacen que nuestro caminar se vuelva más liviano o más pesado. El camino que todos tenemos que recorrer nunca será igual para nadie. Sería muy interesante observar que, aun en nuestra propia espiritualidad, existen quienes prefieren caminar en un sendero deshabitado; otros, en uno más animado; y otros escogemos caminar en una vereda que nadie haya descubierto todavía.

La espiritualidad para varios también puede ser una gran aventura, para algunos es simplemente un llamado de obediencia y para otros es la única salida para muchos de sus problemas. Cualquiera sea el motivo o el inicio de nuestra espiritualidad, y cualesquiera sean los envoltorios durante nuestro camino, la espiritualidad de todo ser humano se debe apreciar, respetar y aceptar. Todos somos diferentes, todos comenzamos diferente. Tal vez si consideráramos estos tres aspectos en las espiritualidades de los demás, aprenderíamos que son la base para que la esencia de nuestra propia espiritualidad sea más transparente y tenga más significado. ¿Por qué estas tres cualidades —el aprecio, el respeto y la aceptación— son indispensables?

La única respuesta que puedo dar es que los tres son ingredientes de un amor genuino. Cuando hay un amor genuino para los demás, los aceptamos tal y como son, aunque notemos sus defectos y limitaciones. La aceptación, en nuestra pobre condición de seres humanos, nos ayuda a reconocer que todos estamos en un mismo peregrinaje.

Cuando hay un aprecio genuino hacia los demás, el mismo aprecio nos da la esperanza de que ellos también encontrarán las respuestas que andan buscando, por el simple hecho de que poseen la misma resolución y disposición para aprender mejores valores. Por eso es importante deshacerse de todo prejuicio y ceguera que nos impida lograr una mayor responsabilidad y una mejor conciencia como seres espirituales.

Cuando hay un respeto genuino hacia los demás, existe cierta tolerancia y consideración al prójimo, porque solo nos basta tener la fe suficiente, como el tamaño de un granito de mostaza, para darnos cuenta de que tal certidumbre (fe en Dios) no nació en uno, y uno no tuvo que hacer grandes afanes para merecerla, entonces, de igual manera, esa misma fe se le puede dar a toda aquella persona que se la pida a Dios.

Y estas tres cualidades son lo que forman el núcleo, la esencia o la médula de nuestra espiritualidad individual. Hay que tener fe, esperanza y amor en todo lo que hagamos y con todas las relaciones que formemos. Estas tres cualidades deben ser usadas en nuestro peregrinaje como una brújula o compás para llegar a diferentes etapas de crecimiento.

Este libro no está lleno de sabiduría, solo ofrece conceptos y pensamientos para toda persona interesada en iniciar o continuar el camino que nos puede llevar a todos a nuestra espiritualidad individual. Nunca pretenderá estar completo o exhausto en cuanto al tema: la verdadera espiritualidad de cada persona solo se consigue con la práctica, y a través de nuestros errores veremos lo que la vida nos enseña para buscar el mejor camino por seguir. El objetivo de este libro es poder llegar a un mejor entendimiento individual y colectivo acerca de nuestra espiritualidad, porque todos vamos a pasar por varias etapas de desarrollo, y veremos todos los desafíos que esta vida nos presenta como individuos y como seres, coexistiendo y viviendo como una misma inmensa humanidad.

Se presentarán varias ilustraciones y comparaciones para que el contenido sea más práctico y se entiendan muchas preguntas que nos hacemos en cuanto a lo espiritual y a por qué tendemos a reaccionar de tal forma. Por ejemplo, en la etapa infantil, las circunstancias difíciles pueden superarse sin muchos problemas cuando se cuenta con el apoyo y la ayuda de los adultos, y no se tiene conciencia de las implicaciones que conllevan ciertas actuaciones. A esta edad infantil, nuestra espiritualidad no tiene tanta trascendencia, pero las cosas cambian cuando llegamos a adultos. Su importancia en nuestra vida viene cuando comenzamos a ser más conscientes de lo que es tener un dolor y no podemos entender por qué debemos pasar por ciertas etapas. Es aquí cuando nos interesamos más genuinamente por nuestro mundo interior.

Aunque veamos personas en todo ámbito sociocultural que no desean tocar el tema de su espiritualidad, cada vez existen más evidencias de lo significante que es lograr tener una rica vida espiritual y el impacto positivo que esta trae a nuestra salud psicológica y física. Eso sí, esto no significa que sea necesario hacerse seguidor de una religión específica; la espiritualidad solo debe comprenderse como el convencimiento de que la existencia espiritual tiene un valor y un sentido. Y aun nuestra misma espiritualidad, cuando no está manchada por prejuicios, debe darse el espacio necesario para comprender a toda aquella persona que no desea conocer este tema en profundidad.

¿Por qué hablo tanto de tolerancia? La espiritualidad es la experiencia que más difícil resulta de explicar, tanto por su carácter impalpable como por la diversidad de contenidos que comprende.

Desgraciadamente, por la falta de un conocimiento más amplio de lo que es su espiritualidad, una persona puede llegar a repetir su pasado, a tenerle miedo a su futuro o a no ser consciente de su presente.

Es bueno volver a resaltar que las creencias de los seres humanos no son hechos espirituales o la prescripción perfecta para su desarrollo. La historia nos ha confirmado bastantes veces, a través del tiempo, que solo grandes reformadores, llamémosles «rebeldes», lograron escaparse de ciertas lógicas, creencias y costumbres religiosas para poder avanzar a niveles más altos en su espiritualidad. Aunque estos personajes atrevidos —a quienes se consideraba herejes o brujos en sus propios tiempos y que ahora vemos como nuestros héroes— tuvieron que pagar un precio por su audacia y su valor extraordinario, y fueron perseguidos, marginados y, en la mayoría de los casos, sufrieron una muerte muy impresionante y cruel.

No puedo concluir esta introducción sin dejar dicho que ciertas creencias o tradiciones religiosas podrían estar relacionadas con niveles altos de ansiedad, depresión, formas desequilibradas de pensar o comportamientos antisociales que no permiten a la persona crecer espiritualmente, sino que solo la mantienen intimidada y sometida a normas de conducta y no a la libre expresión de su propio espíritu, tan necesaria para formar nuestra distintiva espiritualidad. Por lo tanto, para poder apreciar este libro en su totalidad, tenemos que leerlo en una forma muy objetiva y no sujeta a nuestras propias creencias o tradiciones religiosas.

I

Nuestra identidad

NADIE NACE CON una identidad determinada, no confundamos nuestras raíces, nuestro apellido o nuestro linaje familiar como partes absolutas de nuestra identidad. Sería muy triste pensar así, mas, sin embargo, así tenemos la costumbre, al hacer ciertos comentarios como «Eres idéntico a tu papá». Una cosa es contar con rasgos familiares similares, y otra muy diferente es decir que tenemos el carácter idéntico (exacto) a tal familiar. Nuestra identidad está construida a partir de las historias, las experiencias, los valores y los aprecios que vamos admitiendo en nosotros mismos desde nuestra niñez. A nuestra pequeñísima edad física, es parte de nuestro primer desarrollo el admitir consciente e inconscientemente estas influencias sobre nosotros sin hacer muchas objeciones. Después, con el tiempo, nuestros valores cambian y nuestra identidad también. Pero una vez que admitimos ciertos patrones en nosotros mismos, sin importar la edad que tengamos es siempre más fácil aprender nuevos valores que deshacerse de esas viejas costumbres o inclinaciones. Otro factor muy importante en nuestro desarrollo es nuestra propia mente: es ella quien va juntando (procesando) eventos aislados y los archiva en donde mejor le parezca en ese momento, de tal manera que va creando su propia película (o escribiendo su propio libro) y dándole forma a nuestra identidad. Y, por si fuera poco, desde que somos niños, nuestra misma mente se empieza a sobrecargar de todo aquello a lo que estamos expuestos continuamente, ya sean normas, leyes, comportamientos, ideas, creencias o patrones de conducta.

Sin embargo, no es tan fácil como parece, también nuestra memoria tiene mucho que ver con este desenlace de eventos. La mente, a través de la memoria, puede dejar atrás muchos recuerdos que no parecieron ser importantes para ella; o, al contrario, puede tener una memoria increíble y no desear olvidar tantos recuerdos que se hicieron importantes para ella.

En ambos casos, nuestra propia memoria puede jugar a favor o en contra de nosotros, y ambos aspectos pueden tener tanto su lado positivo como su lado negativo. El tener una buena memoria suele ser algo positivo, pues nos permite saber cómo reaccionamos normalmente y tener la sensación de que nos conocemos. Sin embargo, también nos juega en contra, puesto que restringe nuestra capacidad de elegir cómo reaccionar y llevar a cabo cambios inesperados, ya que nos volvemos esclavos de nuestra propia memoria. Este es un aspecto muy interesante de nuestra propia mente que es ampliamente discutido en mi libro *Conspiraciones de la mente*.

Veamos un ejemplo de esta interesante capacidad mental que nos puede ayudar a entender cómo ciertas cosas forman nuestra identidad: detrás de una historia de abuso sexual o acoso, siempre se crea una historia de resistencia, y detrás de esa resistencia luego resulta una depresión, y tal depresión conforma una historia de emociones y sentimientos que forman una identidad equivocada en la persona. Pero también, en cambio, detrás de un trauma puede surgir una historia de supervivencia, y así sucesivamente con cada recuerdo. Por eso, el construir la esencia de nuestra identidad a través de recuerdos, memorias y experiencias resulta cada vez más complejo. Y esta complejidad es más pronunciada al vivir en el mundo de la sobreinformación, donde los estímulos y mensajes contradictorios son constantes, donde la realidad ya no es tan real y lo irreal se aprecia mucho más y mejor que la misma realidad.

Como seres humanos, fuimos creados majestuosamente, pero a la vez complicadamente. No es fácil descifrar la forma en que cada ser humano logra encontrar su identidad. Uno no puede decir con toda ligereza y certeza: «Voy a seleccionar esta fórmula química y después de determinado número de dosis tomadas cada ocho horas, lograré tener la identidad deseada», tampoco es abrir una lata de espinacas para convertirnos en el personaje que deseamos ser (Popeye, en este ejemplo). En nosotros existen muchos mecanismos de defensa, y, como ya había explicado, la mente es quien se ocupa de archivar todas nuestras experiencias. Una de esas defensas, la cual es causante de formar nuestra identidad, es la introyección.

La introyección, de la cual hablaré muy poco, es un proceso psicológico por el que se hacen propios rasgos, conductas u otros fragmentos del mundo que nos rodea, especialmente de la personalidad de otros sujetos. En palabras más sencillas, es la identificación con el mundo que nos rodea. Pero esta misma introyección es la que hace que descubramos nuestro propio ego y superego. En mayor o menor grado, todos estamos expuestos a experimentarla; de hecho, la introyección, la identificación, la comparación, son necesarias para nuestra formación, pero el problema recae cuando estos mecanismos se apoderan de nosotros y dictan o imponen ciertas normas de conducta que también llegan a formar una identidad no deseada (pero forzada).

Para cerrar este primer capítulo, podemos concluir que la identidad también es la conciencia (el conocimiento pleno) que una persona tiene respecto de sí misma y que la convierte en alguien distinta a los demás. Aunque muchos de los rasgos que forman la identidad son hereditarios o innatos, el entorno solo ejerce cierta influencia en la conformación de cada sujeto. De la misma manera, la identidad del individuo se forma a través de un grupo de conceptos (conciencia) que suelen generar controversia cuando se mezclan con la religión, la familia o la política. ¿Qué trato de decir con esto? Que al formar nuestra propia conciencia de todo nuestro alrededor, estamos definiendo nuestro propio mundo, dándole el color opuesto o idéntico a como nos lo habían ya enseñado. Pero aun en estas formas muy definidas y opuestas, nos estamos creando un carácter con nuestra propia libertad de hacerlo, con la autenticidad de nuestros esfuerzos

—ya sean estos coherentes con los lazos familiares o no—. Así es como comenzamos a tomar un rol social que nosotros mismos estamos determinando, el cual puede identificarse como idéntico al de los mayores o muy opuesto en relación con la familia, la política y la religión.

La búsqueda de la propia identidad de cada persona es necesaria y vital; sin identidad, el ser humano no es nadie. Sin embargo, hay algunos que temen conocerse a ellos mismos, hacerse preguntas, mostrarse como realmente son; tienden a refugiarse en la falsa seguridad que les proporciona un grupo y solo desean la aceptación de ese grupo, aunque se nieguen la integridad de ser ellos mismos. Debemos ser como el ejemplo que mencioné al principio: existieron aquellos que fueron marcados como herejes, quienes se rebelaron en contra de religiones y costumbres, porque en su interior ellos sabían que eran diferentes y tuvieron la valentía de buscar su propia identidad. Esa búsqueda de nuestra verdadera identidad es parte de nuestro peregrinaje, y también aceptar que la verdadera identidad se forma, se moldea, se enriquece y se protege.

Ejercicio espiritual: Toma tiempo para pensar, meditar y reflexionar en todas las cualidades que te hacen ser una persona única. Aplaude tu originalidad, no esperes que alguien lo haga por ti, toma el tiempo de amar y celebrar lo especial que eres. Vendrán tiempos que te harán pensar por qué no lo hiciste desde antes. El reconocer quién eres realmente es solo el comienzo de entender por qué tienes tales inclinaciones, ciertos deseos y determinadas batallas.

II

Nuestra metamorfosis

TAL VEZ HABRÍA sido más fácil escribir un párrafo más reducido explicando que la formación de nuestra identidad no es nada sencilla y solo se consigue a través del tiempo, pero era necesario tomarse el tiempo para explicar todo acerca de nuestra identidad y así apreciar los cambios que esta sufre durante toda su vida, ya que no son solo tres etapas las que atravesamos —niñez, adolescencia y madurez—, sino que pasamos por muchos cambios más.

Cada cambio no es nada fácil tampoco, y todos llevan cierta magnitud de dolor en el proceso. Y así como sucede la metamorfosis con la oruga, no podemos pronosticar el esplendor del resultado de la transformación que experimentamos, pero sí estar preparados para el proceso.

Es muy interesante pensar que fuimos creados a semejanza de Dios, pero, aunque lleguemos a apreciar tal parecido (por ser espiritualmente iguales que Dios), aún nos cuesta pensar en términos similares a como Él lo hace. Debemos entender que, en Dios, o en las cosas espirituales, no hay restricciones de tiempo, el tiempo no existe. Por lo tanto, el pensar que nuestro espíritu se desarrolla en forma similar a nuestro cuerpo (crecimiento o evolución física) es contradecir las cosas del espíritu. Lo que va en aumento (desarrollo) es únicamente nuestro entendimiento, y es como si jugáramos una carrera con nosotros mismos tratando de alcanzar una mejor comprensión espiritual después de resistir todos los obstáculos que vienen a uno por la misma persistencia que presentamos a los cambios. Yo hablo de esos contratiempos que nos imponen nuestro cuerpo, nuestras experiencias, nuestros años, nuestro criterio en todas las cosas y un sinfín de dificultades que solo retrasan más nuestro entendimiento en las cosas espirituales y el poder captar la realidad de como fuimos creados.

El problema de nuestro proceso individual de metamorfosis no está en la cantidad de cambios por los que tenemos que pasar... creo que el dolor de desprenderse de varias cosas y buscar cosas nuevas no es tan difícil, siempre y cuando uno lo vea como algo pasajero, como parte de nuestra vida o del caminar en ella como peregrinos. De igual manera, pienso que el proceso no es tan difícil porque por nuestros mismos mecanismos de defensa y sobrevivencia nuestra mente ya ha sido entrenada o acondicionada para lidiar con el miedo, la incertidumbre, el peligro, la duda, etcétera. Pero irónicamente, como algo absurdo, estas mismas cualidades de nuestra mente que nos ayudan a sobrellevar un cambio también se vuelven obstáculos para movernos fuera de lugares que pueden parecer para nosotros «zonas incómodas».

Permítanme explicar: cuando éramos niños, cuando aún no habíamos sido advertidos de los tantos elementos que nos ofrece esta vida como aprendizaje —elementos que más tarde se volverían una contribución a nuestras dudas, miedos e inseguridades—, la gran mayoría de nosotros siempre teníamos la curiosidad e inquietud de buscar, por nuestra propia cuenta, lo que decían que no era para nosotros, ya fuera el explorar una revista, un programa de televisión, una casa abandonada, una amistad en particular, etcétera. Por esto, que era tan natural, y muchas veces por nuestra desobediencia, nos ganábamos el castigo de nuestros padres.

Estábamos encantados por experimentar la incertidumbre en las historias que ya habíamos oído, por hacer descubrimientos que uno solo se aventuraba en buscar y por los misterios de algunas sombras o imágenes que solo ocurrían en nuestra imaginación, por muy pequeña o grande que esta fuera. Hasta que nuestra mente y nuestro cerebro comenzaron a acumular tanta información que nos impartieron, y ahí fue cuando realmente comenzamos a considerar todo nuestro mundo con un lente (entendimiento o razonamiento) diferente al de nuestra infancia. Y todo lo que comenzamos a creer como «certeza» era simplemente una compilación de datos y experiencias que nuestra mente ya estaba procesando, utilizando nuestros sentidos básicos, experiencias, educación, costumbres, con un criterio muy diferente de como nos estaban formando la sociedad, la familia y los medios de comunicación, y dejando a un lado las cosas de niño, como la intuición, la sospecha y la capacidad de ir tras lo que el corazón deseaba conocer más a fondo.

Después de que nuestra mente decide tomar el control de cómo procesar todos los eventos y las experiencias de nuestra vidas, quisimos de esa misma forma tratar de controlar todo el universo que nos rodeaba y ya no volvernos víctimas de los factores externos. Como logramos tener «la probadita» de lo que era tomar control en algo tan pequeño como la incertidumbre, entonces nos impulsamos a tomar más control de todo lo ajeno a nosotros mismos y quisimos después encontrar garantías, zonas de seguridad y protección para nuestro propio ser (ego), pensando que si no actuábamos con propósito, perderíamos el propósito de nuestra vida.

Pero qué ironía, aunque es parte del desarrollo del ser humano, durante este tiempo de nuestra juventud —el cual está lleno de energía y encantos— es cuando más queremos tomar el universo en nuestras manos sin comprender que aun la seguridad está sujeta a cambios, que la transformación no tiene garantías y que toda preparación no está definida con el tiempo o por disciplinas.

Es necesario apreciar que todas las diferentes etapas de metamorfosis solo se dan conforme a la disposición que tenemos para abandonar lo que nos impide crecer como seres espirituales. La mariposa no llegó a ser mariposa por accidente o casualidad, la oruga ya tenía como destino ser mariposa. Así también son nuestras etapas de transformación, no por accidente, sino por leyes espirituales que gobiernan en todos nosotros. La existencia no está llena de casualidades, estas ocurren solo porque el ser humano decide participar en las leyes universales de la vida. Seamos ignorantes o no de estas leyes, no quiere decir que no existan. Y me tomo el atrevimiento de decir que estas mismas leyes universales son las mismas que mucha gente se rehúsa a creer. Así como la oruga no sabía de los colores hermosos que vestiría al convertirse en mariposa, así mismo deberíamos vernos nosotros y volver a nuestra infancia, desprendiéndonos de todo factor externo que nos robe nuestra propia metamorfosis por el miedo a la incertidumbre.

Pero sinceramente siento que, justificadamente como seres humanos que somos, este proceso de metamorfosis es más lento y tardío porque tratamos de comparar y determinar lo bueno y lo malo de cada cambio. Como ya lo había mencionado antes, nosotros mismos somos nuestros peores enemigos. A veces, cuando estamos viviendo una nueva experiencia, solo deseamos examinar lo positivo y lo negativo antes de integrarnos en ella, y no participamos activamente en el momento, y por eso nos perdemos de los beneficios más grandes que estos cambios nos traen.

Los beneficios de liberarnos de cualquier accesorio de nuestro «yo» son enormes, es como dejar cualquier prejuicio para poder abrirnos a mejores posibilidades. Aun el imaginarnos más de lo que estamos acostumbrados (regresar a ser niños) es otra de esas grandes ventajas. Al mismo tiempo, el participar en estos cambios sin objeción es como conectarnos con algo que es más real que nosotros mismos, sería como apreciar ese preciso momento y permitirnos sentir algo que está despertando, desplegándose o extendiéndose dentro de uno, independientemente y separado de nosotros. Esto puede sonar contradictorio, pero es dejar ir nuestro ego («ser») y poder conectarnos con algo que no se puede explicar en ese preciso momento. Tal vez uno podría ser más preciso y decir que es Su Presencia, y así permitir a esa misma Presencia la capacidad de enseñarnos y llevarnos a niveles que no hemos experimentado antes, incluso a un silencio. Y si el silencio es todo lo que podemos sentir en ese momento, hay preciosas lecciones que también pueden ser aprendidas en el silencio de nuestras emociones y capacidades. Aunque parezca algo difícil de ilustrar, esas enseñanzas y ese abandono nos llevarán a la transformación que necesita ser comprendida y realizada. ¿Por qué es tan importante abandonarnos a esa Presencia y no luchar en contra de estos momentos? Porque si Dios es Espíritu (y lo es), Él nos ayudará a entender estos momentos con mayor sentido de gratitud y propósito. Esto se puede comprender mucho mejor al leer la historia bíblica de Jacob, cuando luchó con un ángel en Peniel (Génesis 32, 22-30). El abandonarnos en el proceso es como una metáfora del mismo desarrollo de metamorfosis, el insecto inmaduro espera pacientemente, sin saber la brillantez de sus colores o el tamaño de sus alas, pero una vez que ha alcanzado su madurez, o ese ciclo de la mutación, puede apreciar el tiempo que tardó en llegar a tal estado.

Así que conociendo que los cambios son necesarios y que las diferentes etapas de nuestra vida no son permanentes, ¿por qué lo desconocido sigue tan difícil de aceptarse cuando no podemos anticipar una expectativa específica? Esa aprensión y desconfianza es una reacción normal y natural de nuestros sentidos de supervivencia básica. La ecuación es muy fácil: cuando pensamos saber mucho (el ego), es cuando más desconfiados nos volvemos, pero en esta misma ironía, nos cuesta mucho aprender nuevos caminos, porque cuanto más sabemos, más comprendemos que sabemos muy poco. Pero con ese pensamiento en mente, yo tiendo a creer que lo que la mayoría ve como certeza es en realidad solo una ilusión. John Allen Paulos, un escritor y matemático estadounidense, dijo: «La incertidumbre es lo único cierto, y saber cómo vivir con la inseguridad es la única seguridad».

Debemos aceptar que las cosas nunca serán perfectas y que nunca se pueden garantizar los resultados, que durante los cambios que demos en la vida, la gente va a ganar y perder, a crecer e intimidarse, a regresar y avanzar, a sonreír y llorar, a aprender y olvidar. Por lo tanto, es mejor abrazar el momento presente, ya que todo y todos nosotros somos parte de una constante evolución, y la misma vida continúa sufriendo violentos raptos.

Todos cambiamos, aunque no lo deseemos. El valorar más lo que es permanente, verdadero, lo más real (lo espiritual), y el dejar de apreciar lo que es temporal, falso, lo que es menos real (lo material) son únicamente pasos de una espiritualidad que solo se logran a través de una metamorfosis individual.

Las emociones son muy hermosas, gracias a ellas, le damos color y expresión viva a todo lo que estamos experimentando, pero estas emociones no tienen que jugar en contra de nosotros, todo lo contrario, estas nos pueden ayudar a estimular el espíritu y el deseo de esperar mejores cosas con cada cambio, ver nuestros cambios como los niños, con anticipación de descubrir algo nuevo. Nuestra aplicación de conocimientos, experiencias y costumbres nunca permitirá que los cambios sean fáciles, estos siempre provocarán temores y dudas, y vendrán con tal fuerza y energía que impondrán una resistencia que desgraciadamente vencerá a muchos, y estos terminarán quedándose en su mismo estado simple.

Con gran seguridad confieso que todos nosotros tendremos muchas transformaciones durante nuestra vida, pero toda transformación es solo un paso. Y debemos estar determinados a abandonar nuestro propio ego en esa específica enseñanza y participación para poder lanzarnos sin prejuicios a una nueva etapa en nuestra vida y descubrir mejores cosas.

Ejercicio espiritual: Tal vez seas el tipo de persona que no disfruta de hacer cambios, o la que, antes de tomar decisiones, analiza todo con detalle para controlar los resultados. Todos somos diferentes, nunca te compares con los demás, simplemente permítete a ti mismo reflexionar positivamente sobre todos los cambios que vienen a tu vida o que estás pasando en estos momentos. Todo cambio es sinónimo de vida, sin cambios no hay vida, y la vida solo nos ofrece cambios. Se logra mucho más con una sincera reflexión sobre esos cambios que con una reacción hostil.

III

Nuestro enemigo número uno

EL EGO ES uno de los temas más complicados y controversiales para discutir, ya que es una palabra muy usada y muy poco se aprecia su profundidad en cuanto a sus buenas cualidades, dándole generalmente más énfasis a su insoportable aspecto negativo. Y por eso, por no entender todas sus implicaciones, se vuelve nuestro enemigo número uno. Poder comprender nuestro ego y conquistarlo no solo sería una ventaja para nuestro peregrinaje, sino hasta una unificación para lograr una mejor espiritualidad.

Es necesario entender que el ego es muy importante para poder reconocernos individualmente, es nuestra huella digital. Sin él, seríamos simplemente réplicas o duplicados. El ego es dar el sentido correcto a uno mismo, porque todo lo que nos sucede se mide y se distingue según él. Sin ego, sería imposible reconocer cuáles son nuestras necesidades, cómo alimentar nuestra autoestima sanamente y cómo evoluciona nuestro criterio. Y aunque suene algo sarcástico, también gracias a él podemos diferenciar lo externo de lo interno, ayudándonos a armonizar nuestro interior con el mundo exterior. Pero cuando tal armonía no existe, la persona tiende a tener dificultades para conectarse íntimamente con los demás. Su autoestima ha sido destruida por no saber conectarse entre ambos extremos (interior y exterior), y tal ego llega al punto de sentirse indignado o reprimido. Por lo tanto, es importante entender nuestro ego.

Es muy interesante distinguir que nuestro ego generalmente se construye a partir de la percepción, pero no comienza a definirse sino hasta después de que el ser humano comienza a compararse.

El ego es muy importante para identificarnos como seres humanos creados magnífica y exclusivamente por Dios. Pero el problema comienza en la comparación, aunque esta haya logrado consecuencias positivas porque ayudó a la definición de nuestro carácter. Aquí es donde la comparación se vuelve un aspecto algo negativo, y puede hasta convertirse en una actitud ego-ísta (hablando de personalidades narcisistas) que desea siempre ser el centro de atención en todo ámbito (ego-centrismo). Sin embargo, vivir sin ego es igualmente perjudicial, puesto que es el elemento que nos da nuestro sentido de identidad, quien organiza nuestras ideas, experiencias y percepciones. Un ego favorable puede acelerar nuestro crecimiento y entendimiento en las cosas espirituales, porque es a través de nuestra propia identidad (ego) que podemos pensar, sentir, actuar y ser más conscientes de nuestras consecuencias. Nuestras frustraciones ocurren cuando una de estas cualidades personales (pensar, sentir, actuar, etcétera) no cumplen dichas metas por las que fueron creadas; o sea, es como decir que nadie puede pensar o aprender algo en cabeza ajena. Por eso nuestro ego, por muy defectuoso o inferior que parezca, es necesario en cada uno de nosotros. Gracias a nuestro propio ego (identidad), existe el constante deseo del ser humano de movilizarse, o sea, hacer cosas que le gustan. Su negatividad está cuando ese mismo estímulo nos acarrea resultados extremos como el sufrimiento, los atrasos o fracturas internas (las cuales nos hacen perder nuestra propia integridad). Después, tal fractura de nuestra integridad solo nos hace sentirnos más miserables, culpables, infelices o incapaces de seguir desarrollando nuestro interior, y terminamos hundiéndonos más en nuestro propio precipicio, sin darnos cuenta del daño que nos hemos estado haciendo por un ego descontrolado. El ego, por lo tanto, es el punto de referencia de los fenómenos físicos y la participación entre la realidad de nuestro interior y el mundo exterior.

Otro aspecto interesante del ego es cuando este se vuelve un tropiezo en el ámbito espiritual, y eso sucede cuando contempla llevar su existencia limitándose solo a los cinco sentidos básicos, a la mente, al intelecto y a las experiencias personales. En otras palabras, cuando el ego reconoce que es distinto a los demás y aun de Dios (puesto que el ego no es el espíritu de uno), pero busca solamente identificarse con las cosas que él puede analizar y controlar. Aquí es donde se inician las más grandes batallas, que por nuestra misma naturaleza (ego) siempre tratamos de encajonar a Dios y a todo lo relacionado con lo espiritual. Pero nuestra verdadera identidad no tiene que partir de nuestro ego; este ego, por muy fuerte y lleno de energía que se vea, no posee la capacidad de sostenerse él mismo. El ego solamente existe porque es alimentado por las emociones, las costumbres, los factores exteriores. Todo eso le da vida al ego y le permite seguir existiendo. Por eso, dependiendo de nuestro propio ego, podemos identificarnos con el precepto de que Dios existe y asimilar tal criterio en diferentes niveles. Si nuestro ego es alto, nos identificaremos menos con las cosas de Dios o con las cosas internas de nuestro corazón; y si nuestro ego es bajo, seremos muy fácilmente influenciados en aceptar hasta lo que no es en cuanto a nuestro interior y las cosas de Dios. Pero el ego nunca dejará de existir, porque las emociones son parte de nosotros.

Por lo tanto, la búsqueda de encontrar algo más permanente, consistente y confiable está en la forma en que lleguemos a tomar nuestra espiritualidad, ya que solamente el espíritu es quien verdaderamente da vida, una vida que está apta para no ser influenciada por factores externos, emociones o experiencias vividas.

Una vez correctamente lograda esta percepción en la que llegamos a ser conscientes de que el espíritu es vida y que el ego necesita de algo o alguien para existir, podremos ayudar a nuestro propio ego a tratar de no invertir o alterar el cianotipo (proyecto original o *blueprint*) de nuestra vida. Las frases o pensamientos como «Mi cuerpo y mente», «Mi intelecto», «Mi vida», «Mi riqueza», «Mi esposa, mis hijos», «Yo debería ser feliz», etcétera, solamente proceden de una necesidad del ego de poder seguir existiendo. El espíritu de uno no toma tales referencias como necesarias para existir.

Es de gran importancia comprender cómo nuestra personalidad fue compuesta por elementos o factores y por impulsos o reacciones que fuimos adquiriendo con el tiempo. Todos estos factores —conscientes e inconscientes— formaron nuestro ego, un ego que ha evolucionado con la edad, y ha evolucionado en forma retrógrada (retrocediendo) porque sigue persistentemente pensando que no necesita del espíritu para sobrevivir. Y aunque nuestro propio ego sufre cambios con el tiempo y de acuerdo con su mundo exterior, este solo logra tener un amor exagerado de sí mismo (por todos sus logros, experiencias y habilidades) o viceversa, también logra culparse o victimizarse (por todas las injusticias, experiencias e incapacidades).

No veamos al ego como una maldad necesaria. El ego es irremediable, es bueno, es el instrumento que nos ayuda a fomentar un vínculo entre lo exterior y el interior de nuestra vida. Asimismo, fue la pieza importante y necesaria para poder reconocer nuestra identidad, y aunque parezca irónico, también fue el catalizador (el mejor estímulo) para buscar algo más confiable, más efectivo, más integro que nos pudiera ayudar a ordenar nuestra vida interior y entender las causas y los motivos de nuestros dolores, cambios, sufrimientos, desconfianzas, dudas, inseguridades, aprensiones, etcétera.

Ejercicio espiritual: ¿Qué actitud personal tienes en cuanto a tu propio ego? ¿Cuáles son las cualidades que no has podido superar de tu propio ego? ¿Puede el ego ser dominado?

IV

Intuición

E S MÁS FÁCIL aprender algo nuevo que olvidar algo viejo, y ese es el problema cuando no podemos olvidar viejas costumbres para embarcar en algo nuevo. Y la intuición de uno es muy importante cuando deseamos tener un punto de referencia para poder soltarnos del miedo o la incertidumbre, y lograr aprender algo nuevo. Aunque no es fácil de entender o explicar todo lo que implica tener intuición, esta se desarrolla aún más rápido cuando podemos hacer a un lado nuestro ego. El ego fue muy importante en el capítulo anterior, pero no debe ser nuestra prioridad para alcanzar nuestra madurez o nuestro crecimiento. El aprender a enmudecer nuestras emociones nos ayudará a no alimentar nuestro ego, y este curso nos permitirá que en el silencio encontremos esa voz que más adelante descubriremos como nuestra propia guía en este camino a la espiritualidad; para poder explicar este progreso, ahorita entendámosla como «intuición».

Para asimilar los pasos básicos de la intuición, tendríamos que usarla haciendo referencia a los presentimientos que uno tiene, el comprender las cosas al instante sin necesidad de usar nuestro razonamiento o hacer cualquier deducción. Por estas razones es difícil explicarla o hasta verbalizarla, ya que es un «conocimiento» irracional, inmediato, directo y autoevidente. Casi podríamos pensar que la intuición puede apreciarse como la recepción (o el permiso) de entrar en otro ambiente (o espacio) del cual a través de esta (la intuición) nos podemos conectar más fácilmente.

La ciencia reconoce que la intuición existe en nosotros mismos, porque ya han sido bastantes las evidencias: por ejemplo que una persona se adelante a un hecho sin haber tenido información previa, cuando alguien llega a realizar una llamada telefónica a una persona que estaba intentando comunicarse con ella en ese mismo instante o cuando logramos evitarnos un accidente. Ocurre que nuestro cerebro reacciona ante el análisis de la información que le provee su entorno sin poder darnos explicaciones. Y no habría problema en citar más ejemplos, pero creo que todos hemos sido ya expuestos a nuestra propia intuición, en diferentes grados por supuesto. Sinceramente pienso que varias personas le darían crédito a la telepatía como una intuición desarrollada que se logra a través de la meditación y otras prácticas.

Pero el énfasis aquí está en simplemente entender cómo la intuición forma parte de nuestra espiritualidad, cómo podemos apreciar el verdadero sentido y motivo de lo que es tener intuición, cómo cuidar y mantener una buena intuición una vez que sepamos controlar nuestro ego, y cómo esclarecer y ensanchar nuestra recepción en las cosas que no podemos explicarnos.

Aunque parezca ilógico y extraordinariamente insensato, los mejores científicos, sabios, exploradores, descubridores y reformadores utilizaron su propia intuición para violar ciertas normas o conductas que existieron en sus tiempos, y descubrir algo que solo ellos podían apreciar en su interior, aun sin ser capaces de entender completamente todo lo que estaban sintiendo o visualizando. Para Albert Einstein, lo único verdaderamente importante era la intuición. Él consideraba que la intuición no tenía nada que ver con brujería, magia o fascinación, sino que era esa sutil capacidad de escuchar algo (un aviso, un descubrimiento, una nueva oportunidad) a través de su espíritu. Así como traté de exponer una pequeña ilustración con Albert Einstein, el aprender a escuchar nuestro propio espíritu por el camino de la experiencia es como atender a algo que está escondido en nuestro corazón; mucha gente también le llama a

HIRAM DORADO

esto «corazonada». Sea intuición o corazonada, todos hemos ya sentido tales experiencias, no somos ajenos a ellas.

La intuición es un tema de debate muy estudiado y analizado por la ciencia, tanto es así que la misma ciencia nos habla de la necesidad de desarrollar un tipo de inteligencia intuitiva, con la que se nos exhorta a ser más receptivos a nuestro mundo interior.

Esta receptividad de nuestro mundo interior nos hace ver las cosas con más trascendencia y, por ejemplo, declinar o aceptar una propuesta o sugerencia, confiar o desconfiar de alguien, tomar un camino y no otro, etcétera. Aunque nadie nos puede garantizar que por seguir nuestra intuición vayamos a tomar las decisiones más exitosas, sí conseguiremos un aspecto igual de importante: actuar con un discernimiento más lúcido por considerar más detalladamente nuestra esencia, los valores, emociones y valoraciones obtenidas de acuerdo con nuestras experiencias previas, dándonos la oportunidad de conseguir un adecuado equilibrio interior. ¿A qué me refiero con esto? Que nuestra intuición se acelera de acuerdo con nuestras experiencias. La intuición de cada persona es el desenvolvimiento interior que se adapta a lo que estamos sintiendo, aprendiendo, experimentando, pensando. Ella actúa para orientarnos apropiadamente y sabe extraer el mejor tesoro (caudal o patrimonio) de nuestras experiencias previas. Eso se conoce como «inconsciente adaptativo». La virtud de la persona que reconoce y está al tanto de cómo utilizar su propia intuición reside en saber usar este caudal o patrimonio como canalizador. Imaginémonos estar perdidos en un bosque... y ese bosque es un panorama de todo lo que se nos viene encima. Alguien que sabe aprovechar su intuición sabrá separar todas las ramas (lo negativo y lo positivo) del bosque (de su propia vida) para encontrar el mejor camino en medio de la maleza (de tantos problemas que se pondrán al frente).

Pero hasta que no vaciemos nuestro corazón de rencores, miedos e incertidumbres, no nos sentiremos libres para poder discernir esa voz (intuición) que nos está hablando y solo la confundiremos con las otras voces que también desean nuestra atención (los sentimientos, las emociones, el mundo espiritual).

El último avance de la tecnología es la creación de robots que sirven para muchas tareas. Estos robots podrán lograr muchas cosas, pero la intuición nunca será parte de su sistema. ¿Por qué desconfío sinceramente de que algún día un ordenador o un robot logren igualar la intuición del intelecto humano? ¡Porque estos no tienen inconsciente ni subconsciente!

¿Entonces cómo podremos desarrollar esta intuición que nos es muy necesaria para descubrir o seguir descubriendo nuestra propia espiritualidad? Todo empieza mediante la reflexión, tomar el tiempo necesario para aprender a escuchar nuestras emociones y entender qué acontece en nuestro mundo interior para encontrar la calma y el equilibrio. No, no hay contradicción en lo que estoy diciendo: una cosa es aprender a escuchar nuestras emociones y otra muy diferente es volvernos esclavos de ellas. Una vez que podamos controlar y entender nuestras emociones, nos permitiremos entrar en un estado mental de calma profunda para ser más receptivos a nuestro interior, al entorno y, a su vez, al espíritu. Por tal motivo, en mi capítulo anterior comenté que el ego es nuestro enemigo número uno para alcanzar tal tranquilidad interior. Con esto en mente, es necesario enfatizar en que nuestra intuición también se desarrollará individualmente y con pasitos de bebé inicialmente, pero cuanto más la usemos, los mensajes serán más complejos, y a medida que vayamos creciendo en este proceso, nuestra tarea será saber interpretar tales mensajes. Cuanta más libertad le demos a nuestra mente, sin prejuicios o barreras, más aflorará nuestra intuición.

Antes se pensaba que la intuición era generalmente solo cosa de mujeres, pero todos disponemos de esas ráfagas de luz mental, de esas corazonadas que nos guían hacia una opción más concreta que, al final, puede ser la acertada. Vale la pena dejarnos guiar por ella, ya que es un lenguaje muy especial que existe dentro de nosotros. Y tal vez lo que más desearía lograr en este capítulo es la comprensión total y el aprecio que deberíamos todos de darle a la intuición como una de las formas que ha seleccionado el espíritu para comunicarse con nosotros mismos. Porque la intuición, aun en su forma más sencilla, es el espíritu que nos está hablando.

Ejercicio espiritual: La intuición personal se desarrolla como si no hubiéramos nacido nadando, mas en cambio se desarrolla perdiéndole el miedo al agua. Irónicamente, cuando estábamos dentro del vientre de nuestra madre, ya habíamos aprendido a flotar, por lo tanto, esta era una capacidad que ya venía en nosotros. Así que la intuición es tan nativa en nosotros que todo lo que debemos hacer es aceptarla y valorarla como parte nuestra.

V

Nuestro peregrinaje

UNA VEZ QUE logremos darle la suficiente importancia a nuestra intuición y que no permitamos que nuestro ego limite nuestro desarrollo espiritual, comenzaremos un peregrinaje muy especial. Este peregrinaje nos llevará por ciclos y etapas diferentes que a veces podrán parecernos familiares, pero en otras ocasiones serán como una escalera que va esféricamente en acenso. Es algo contradictorio pero elemental reconocer que este mismo peregrinaje no está acondicionado a nuestro concepto del tiempo, mas en cambio sí es posible reconocer las varias etapas por las que vamos pasando.

Estas etapas (o estaciones, como invierno, otoño, primavera y verano) son ciclos que nos permiten iniciar cambios en nuestra vida. Pero así como el otoño les brinda la oportunidad a los árboles de limpiarse de sus hojas viejas para que puedan nacer nuevos colores en sus ramas, ocurre un ciclo similar en nuestra vida durante nuestro peregrinaje espiritual, el cual nos da las oportunidades para realizar una limpieza interna que nos ayudará a aceptar más fácilmente los nuevos comienzos o cambios que se avecinan a nuestra vida. El invierno espiritual también tiene su propósito, y es el hacernos descansar en una solitud (retiro) que es indispensable para el alma. Aunque muchas veces no tengamos el más mínimo deseo de enfrentar este aislamiento, es necesario. Y así como el verano espiritual marca temporadas de servicio y diligencia, también las primaveras demuestran los radiantes y vivos colores de algo nuevo en nuestra vida después de haber tenido el valor de abandonar viejas costumbres y la paciencia para esperar un nuevo amanecer.

Aunque muchos pensarán que el comienzo de nuestro peregrinaje es lo más difícil, sinceramente no existe ningún nivel de dificultad en términos de comparaciones. En este peregrinaje, las enseñanzas o experiencias se van a dar solo en la medida en que uno esté listo o dispuesto a apreciar sus lecciones. Nadie comienza corriendo maratones; primero tenemos que aprender a gatear, y si no gateamos lo suficiente, no podremos apreciar lo significativo que es caminar.

Aunque para mí la Biblia ha sido el libro más competente y adecuado para entender muchos problemas del ser humano, no podemos forzar este libro hermoso en otras personas, simplemente porque el concepto de ellas hacia él es muy diferente al nuestro. Pero desearía incorporar una lección muy personal que aprendí en la Biblia en el estudio de nuestra peregrinación espiritual.

Abraham es considerado uno de los personajes más importantes en temas espirituales. Su nombre se menciona tanto en la Biblia como en el Corán (conocido como «Ibrahim»). Por lo tanto, es hasta el más apropiado para considerar sin tener que meterse en comparaciones religiosas. Hasta podríamos decir que por la misma aportación que Abraham trajo a nuestra vida se volvió alguien muy destacado en las demás religiones. Pensando así, en una forma muy ingenua y fácil de entender, podemos captar que Abraham tuvo un encuentro espiritual con la divinidad (Dios), y Dios en su naturaleza (espíritu) comprendió lo limitado del carácter de Abraham para entender las cosas espirituales. Entonces Dios lo incentivó a separarse de siete influencias (dominios) para poder comprender un mundo nuevo que el mismo Abraham desconocía hasta ese momento. Por esa misma anécdota, la de las siete separaciones de Abraham, fue después reconocido como el padre (fundador) de la fe cristiana.

Tal vez estas separaciones vengan a nuestra vida en un orden muy diferente al que Abraham experimentó, ya que todos somos diferentes y comenzamos en distintos puntos de nuestra vida, pero el poder apreciar cada una de estas experiencias nos puede ayudar a entender cómo llevar nuestra propia peregrinación en un ambiente que tal vez no conocemos por completo. Y aun cuando pensamos que ya conocemos todo acerca de nuestra espiritualidad, estos principios (separaciones) también se pueden volver vitales para regresar a nuestra espiritualidad cuando nos sentimos atorados (embotellados), sin poder encontrar salida o respuesta a nuestro desenvolvimiento espiritual.

Primera separación (Génesis 12, 1): Dios le pide a Abraham que se retire de su tierra. Esta separación habla de divorciarnos de todo lo que es familiar para nosotros, de lo conocido y de lo que nos ofrece limitaciones, controles, restricciones o prohibiciones para hacer o pensar lo que se ha vuelto ya una conducta en general o una conciencia colectiva. ¿Pero por qué llegar hasta ese extremo? Porque todo lo que es familiar y conocido para el ser humano solo nos puede ofrecer una zona de confort (seguridad, consuelo, calma) que no nos exige hacer cambios o considerar nuevos comienzos. Por eso, todas las experiencias, las vivencias y los conocimientos que nos hemos formado dentro de estos perímetros se vuelven normas, conductas y estilos de vida muy difíciles de violar o abandonar, ya que fueron perfeccionados o pulidos para satisfacer las expectativas de toda una comunidad (sea esta una religión, una cultura, un tiempo, una civilización, una creencia, un reconocimiento). Nuestra primera separación, aunque no tiene que ser en este mismo orden, tiene que ver con lo más importante, nuestro corazón. ¡Donde se encuentre nuestro corazón, allí va a estar nuestro tesoro (lo que nos da vida)! Si tenemos un corazón que aún no está dispuesto a soltar todo prejuicio, todo conocimiento, todo valor adquirido, nunca lograremos descubrir nuevas y mejores cosas.

Segunda separación (Génesis 12, 1): Dios requiere de Abraham que él se aleje de todo linaje (de toda dependencia), sea este espiritual o natural. Esto viene a que la familia siempre nos crea cierta dependencia, y la dependencia tampoco nos permite lanzarnos a lo desconocido. Hay que recordar que al atravesar un ambiente inexplorado, no se pueden aprender nuevas cosas si se continúa dependiendo de todo aquello que tuvo cierta afiliación en nosotros. Aquí no estamos hablando de separaciones físicas, sino más bien de los afectos, los temores, las impresiones, los apegos. Nos formamos dentro de un cuerpo u organismo que llegó a aceptarnos como parte de él, e hicimos de él una atadura en nosotros. Tal vez fue tan grande y mutua la aceptación que después nos es más difícil quebrar tales ataduras.

Esta separación es complicada porque nuestras emociones están fuertemente involucradas en esto, pero el único compromiso que en verdad necesitamos en este nivel es el de no tener ningún vínculo o unión fuerte con nadie, para que nuestra propia espiritualidad sea más pura, limpia, transparente, y no una copia de alguien más. Aunque esta es la segunda separación de Abraham, una vez más enfatizo que no debe ser en este orden, solo tiene que ver con lo inestables que se vuelven nuestras emociones cunado nos atamos a alguien. ¿Qué es lo que las alimenta? ¡Todo a lo que estamos ligados! Si somos capaces de manejar nuestras emociones y no permitir que ellas nos controlen, podremos más fácilmente tomar mejores decisiones en este peregrinaje y no regresaremos constantemente a la misma lección una y otra vez.

Tercera separación (Génesis 13, 1): Dios amonesta a Abraham y le pide que abandone la forma de discernir y apreciar las cosas a las que estuvo acostumbrado, a Egipto (o este mundo, hablando en términos generales). Para Abraham, esta ascensión en lo espiritual fue exactamente en este orden, y este fue el tercer paso. Una persona no puede apreciar las cosas espirituales si está continuamente con su corazón y sus emociones en las cosas viejas. Para poder hacerlo, debemos ver lo espiritual con ojos espirituales; de otra forma, estaremos perdiendo la visión por usar métodos vanos, superficiales, mundanos. Con ejemplos más vagos, es como decir que si no usamos nuestro propio espíritu para apreciar lo espiritual, solo conseguiremos tener un opacamiento (cataratas), lesiones internas (glaucoma), mucha sensibilidad y cierto dolor al tratar de ver la verdad (enfermedades de retina), o aun modestas infecciones al punto de criticar a otros miembros (conjuntivitis) solo por no poder ver con claridad todo el panorama. Aunque estos ejemplos parezcan estar fuera de orden, estoy tratando de enfatizar en la importancia de discernir las cosas espirituales con el espíritu y no con las cosas mundanas. Nuestra tercera separación tiene que ver con el motivo principal de nuestro peregrinaje: empezar a discernir lo real de lo irreal, lo verdadero de lo superficial, y esto solo comienza cuando decidimos hacer a un lado nuestras inclinaciones a los deseos incontrolados, nuestro orgullo de pensar que no hay nada nuevo que aprender y los afanes de codiciar lo que nos hace mal.

Cuarta separación (Génesis 13, 11): Dios advierte a Abraham que se aparte de su sobrino Lot. Aunque aquí todavía se mantuvo cierto parentesco (o linaje) con un ser querido, podemos apreciar que Lot estuvo con Abraham por un buen tiempo, entonces es conveniente observar que todas estas separaciones no son necesariamente extremistas. Tienen el afecto y la consideración necesaria para no imponerse en uno, se presentan solo en la medida en que uno puede llevarlas a cabo. La separación de Abraham con Lot implica el alejamiento de aquellas personas que no comparten nuestras mismas metas (el principio de yugos desiguales). Existen muchas razones por las que las personas desean conseguir cierta espiritualidad en sus vidas. Es muy probable que varias tengan como objetivo el encontrar lucro o interés financiero en este peregrinaje, otras tal vez deseen hallar respuestas a un pasado tormentoso que vivieron. Las razones pueden ser muchas, pero cuando los intereses son diferentes en cada uno de nosotros, las responsabilidades no van a ser las mismas, y este es motivo suficiente para tomar precaución. La propia espiritualidad es un tema importante, trascendente, y también un gran desafío. Si no tenemos la misma responsabilidad, es muy probable que, a mitad del camino, dos personas terminen en pleito, en divisiones, en desacuerdos y discordias. La lección más importante de esta cuarta separación es tener mucho cuidado con quién compartimos esta peregrinación individual. Por eso, en la mayoría de los casos, este se vuelve un camino muy solo para cada uno de nosotros. Esta etapa tiene que ver con todos nuestros deseos; los deseos son los que nos impulsan a buscar, tocar y llamar. Es muy sencillo: si no tuviéramos los deseos de buscar respuestas a nuestro comportamiento, tampoco tendríamos la suficiente intención de crecer como seres humanos. Pero por nuestros mismos deseos, solo aquel que busca encuentra, solo a aquel que llama se lo oye y solo a aquel que toca se le abren las puertas.

Quinta separación (Génesis 14, 21-24): Dios exhorta a Abraham a no buscar su espiritualidad con deseos de hacer negocio con ella o lograr fines lucrativos. Nuestro crecimiento espiritual no depende de la prosperidad de nuestros bolsillos, y nuestra espiritualidad tampoco se mide en la falta de cierta prosperidad. La fe de uno no se mide, no se compra, no se mezcla con el sistema de este mundo. Era tan grande este argumento entre creyentes que fue necesario para Jesús mencionar el darle al César lo que le pertenece a César, y darle a Dios lo que es de Dios.

El amor al dinero siempre ha sido causa de las transgresiones más grandes de individuos y de naciones enteras. Por él, religiones se han levantado como imperios; individuos profesando amor, fe y esperanza han estafado a pobres y viudas. Es tan fea esta condición del ser humano que aun ciertos milagros que la ciencia todavía no ha podido explicar han sido negocio y venta para creyentes, para así poder lograr exageradas ganancias. Pero por ese mismo amor que se descubre en este peregrinaje espiritual, uno logra reconocer que su vida personal no le pertenece a ninguna institución, religión, sociedad o sistema formado por el ser humano, y que lo más importante es desconectarse de toda ligadura que se le trate de imponer. Esta actitud es muy importante, pero a la vez bastante paradójica: uno no debe permitir que alguien imponga cargas difíciles de llevar, pero esto tampoco es excusa para alejarnos de una comunidad y volvernos llaneros solitarios o Santo, el enmascarado de plata. ¿Por qué pienso que esta idea es toda una paradoja o un contrasentido? Porque siempre debemos mantener un espíritu libre que pueda testificar de las cosas divinas que existen en el interior de uno mismo, sin sentirnos limitados, pero también reconocer que todos estamos conectados a un cuerpo, que nos necesitamos los unos de los otros y que, solo a través de estos dos márgenes, podremos transportarnos a lugares difíciles para el razonamiento humano y que muchas veces no se logran entender. Este es el tesoro que uno comienza a apreciar a medida que camina más tiempo en esta peregrinación espiritual. Nuestra quinta separación tiene que ver con nuestros intereses. Nuestra espiritualidad siempre debe ir en ascenso, y cuando se trata de hablar de nuestros propios intereses, allí es donde descubrimos el atrevimiento que tenemos para ir en busca de nuestros sueños, sueños que involucran y nos unen a gente. Un verdadero interés marca la pasión (energía) que se llega a tener para que ninguna desilusión, frustración o contrariedad nos aleje del propósito de encontrar todo lo que abarque nuestra espiritualidad.

Sexta separación (Génesis 17, 18; 21, 9-14): En esta separación Dios requiere que Abraham abandone todo lo bueno o malo que haya logrado de sus propios esfuerzos. La iniciativa de tener a Ismael se basó en no saber esperar en Dios, fue el producto de la desesperación y el intento de interpretar las cosas espirituales con el razonamiento humano y con factores externos. Siempre que nuestro ego se interpone y trata de sobrevivir, este pone su polémica o rivalidad en contra de las cosas espirituales, con comentarios similares a «mi edad», «mi experiencia», «mi familia», «mi desconfianza», «mi intervención». Todo lo que sea producto de nuestros esfuerzos y demandas no logrará muchos resultados permanentes, puesto que depende del estado de la persona para poder ser mantenido. Y esta separación habla de nuestra vieja forma de apreciar las victorias conseguidas después de depender mayormente de las experiencias, los talentos, la educación, el empeño, el intelecto, solo para poder decir al final: «Gracias a mi ___, logré obtener la finalidad de mi ambición». No estoy despreciando la inteligencia y el esfuerzo humano, simplemente estas cualidades a veces son un estorbo para poder aprender algo nuevo. Bien lo dijo Albert Einstein: «A veces mi educación es mi mayor obstáculo». Nuestra sexta separación está relacionada con nuestra mente, nuestros esfuerzos e impulsos, y nuestras demandas. Nuestra espiritualidad no tiene que ver con perder nuestra voluntad y volvernos robots, tampoco nos impide reaccionar naturalmente a experiencias, dolores y desconfianzas. El sentirlos es parte de nuestra naturaleza, pero si permitimos que nos lleven de viento en viento y controlen nuestros anhelos, entonces estaremos solamente cediendo a las demandas de nuestro propio ego. Nuestro ego puede darnos muy buenas ideas y opciones, pero no son necesariamente las mejores, ya que lo espiritual solo se reconoce, se discierne, se aprende y se valora en el espíritu. El aprender a distinguir qué es espiritual y qué no lo es, qué es estar haciendo méritos incesablemente y qué es descansar en el espíritu, o qué es sabiduría y qué es intelecto nos ayudará a alcanzar una espiritualidad más avanzada. Al lograr tal nivel de superación dejaremos de compararnos los unos con los otros, no tendremos tantos prejuicios entre nosotros mismos y aprenderemos a ser más tolerantes con los demás, reconociendo que nadie comenzó este camino corriendo y que todos empezamos gateando.

Séptima separación (Génesis 17, 18; 21, 9-14): Dios invita a Abraham a sacrificar todo lo que él adora (o ama al extremo). Esta separación se vuelve la prueba más grande para Abraham, ya que él esperó muchos años para lograr su sueño más anhelado. Todos tenemos sueños y visiones, y no hay nada de malo en desear que se hagan realidad, el problema está cuando estos sueños y visiones se vuelven la autoridad de nuestra vida y nosotros somos esclavos de sus caprichos. Nuestra espiritualidad no debe ser controlada por nuestros impulsos, nuestros sueños, nuestras familias, nuestros temores o nuestros propios sentidos. Ella es aún más inmensa de lo que este libro pueda explicar, y lo malo es que aún, como seres humanos, no hemos podido llegar a la cumbre de sus dones y beneficios. Nuestra responsabilidad es mantenernos libres de todo aquello que nos encadene a experiencias, educación, tradiciones, religiones, prejuicios, normas, etcétera. Nuestra séptima separación tiene que ver con nuestras ambiciones. Y reitero, es bueno contar con ambiciones, pero que estas — aunque sean puras, nobles, de buen nombre, claras, al beneficio de los demás y de buen corazón— no nos impidan quedarnos estancados ni crecer espiritualmente. Aun cuando nuestras ambiciones pudieron haber nacido de un buen corazón, si estas comienzan a tomar una prioridad excesiva en nuestra espiritualidad, entonces dejarán de ser nobles y excelentes, y pueden terminar con nuestra propia vida en un abrir y cerrar de ojos. Porque ese amor íntegro, habiendo sido generoso y humilde en un tiempo, se puede también convertir en egoísmo y afán, pensando que ya por fin lo hemos logrado todo cuando simplemente se ha perdido todo. Cuando sentimos que nuestro grandioso e impotente deseo ya ha sido realizado y llegamos a olvidarnos de la condición de nuestro espíritu, la muerte espiritual viene y toca a nuestra puerta. Esta última separación de Abraham nos enseña a evitar que hasta lo mejor de nosotros puede convertirse en lo peor. Fue después de esta séptima separación que la naturaleza de Abraham cambió.

En un resumen más simple, podemos ver que Dios iba tras algo más importante después de cada separación:

1. Sepárate de tu tierra: Preparación de tu corazón.
2. Sepárate de tu parentela: Preparación de tus emociones.
3. Sepárate de Egipto: Preparación de tu espíritu.
4. Sepárate de Lot: Preparación de tus deseos.
5. Sepárate de las riquezas: Preparación de tus intereses.
6. Sepárate de Ismael: Preparación de tu mente.
7. Sepárate de Isaac: Preparación de tus ambiciones.

Ejercicio espiritual: Tomemos tiempo para meditar y reflexionar si existe algo en nuestra vida que nos pudiera estar impidiendo un crecimiento espiritual. ¿Tiene que ver con posesiones? ¿Tiene que ver con familia, con deseos, con nuestra mente? Cualquier cosa que sea, meditemos en el dolor que esta nos ha causado; o si tal vez es otra cosa la que nos está provocando, seamos más contemplativos en todo lo que se encuentra tomando una influencia sobre nuestra vida y veamos si es beneficioso o perjudicial.

VI

Sensibilidad al dolor

U NA DE LAS cualidades que logramos al experimentar ciertas separaciones en nuestra vida es la sensibilidad, que se acentúa en nosotros con el dolor humano. El dolor puede también entenderse como un quebrantamiento que acontece como una experiencia muy desagradable, y puede venir a nuestra vida en diferentes etapas, formas y magnitudes, pero no dejará de ser parte de ella. Echarle la culpa a Dios por el dolor que experimentamos es tener falta de espiritualidad o discernimiento, ya que en la gran mayoría de los casos el dolor es consecuencia de leyes universales que hemos violado como seres humanos. Existen problemas espirituales que llegan a transformarse en dolores físicos, pero lo más importante para todo ser humano es cómo entender el dolor dentro de nuestra propia espiritualidad o en el camino hacia su desarrollo. Es muy interesante comprender que el dolor no se hizo para atormentarnos, sino más bien para limitar los daños que podemos causarnos a nosotros mismos y hacernos cambiar de dirección (llamémosle «alerta», «reacción» o «mecanismos de defensa»). Pero este mismo sentimiento de angustia puede desembocar en problemas familiares, peleas, frustraciones y hasta ciertos tipos de trastornos psicológicos. De aquí que es vital reconocer la importancia de entender el dolor que se presenta en nuestra vida.

Uno de nuestros mayores errores es creer que el dolor se origina en las causas que provocaron este dolor. Haciendo una comparación más simple, comúnmente pensamos que el dolor físico se origina en los tejidos o en las partes del cuerpo que han sufrido la agresión. Pero, en realidad, el dolor surge como un anuncio en nuestra mente. Después de que nuestra mente recibe señales o alarmas, esta decide qué hacer con las sensaciones, las experiencias, las percepciones y los pensamientos que está interpretando, y así genera el dolor, como cualquier otro mecanismo de resistencia o aceptación. Toda la interpretación que le demos al mundo que nos rodea, toda la realidad o la fantasía, todo el universo o el pequeño mundo que conforma nuestra existencia, todo lo exterior o lo interior de nuestra vida depende de un proceso inevitable y obligatorio que se promueve a través de nuestra mente. La mente limpia, filtra, decide, escoge, destruye, construye, aprende, memoriza, prevé e incluso inventa nuestras propias sensaciones y determina el color de cada una de nuestras experiencias. Ella es el proceso más complicado y más valioso con que contamos para nuestra espiritualidad. Una de sus funciones más importantes es la de interpretar lo que recibe por medio de los sentidos, las experiencias, las vivencias y los estímulos, y actuar en consecuencia. Es solo a través de nuestra mente que podemos transformar el dolor de esas experiencias como el quebrantamiento necesario para asimilar ciertas conductas indebidas o perjudiciales de nuestra parte. De otra forma, estas vivencias pasarían desapercibidas y nunca lograríamos comprender las lecciones que nos da la vida o los escarmientos de nuestras malas conductas.

¿Pero qué pasaría si no fuéramos conscientes de nuestro propio dolor, si fuéramos más insensibles a él? Tal vez cultivaríamos una mente equivocada. Así como la mente se encarga de construir nuestra realidad a través de datos, análisis y decisiones, no siempre esta realidad llega a ser exacta. Nuestra mente puede equivocarse al tomar decisiones y poner en funcionamiento mecanismos de resistencia o aceptación de manera errónea; y esto debido a la falta de coherencia entre la realidad y lo que se percibe. Ella puede llegar a convencerse de una aparente realidad cuando en verdad es una fantasía o viceversa, pretender que existe una apariencia de fantasía sin tener en cuenta que todo indica que es una realidad incuestionable. Nuestra mente puede activar mecanismos de defensa sin que exista justificación alguna para eso. En estos casos, se demuestra que ella no es infalible ni perfecta, y que se puede equivocar y engañar a sí misma. Nuestra mente siempre está en desarrollo, aprende, realiza y mantiene malos hábitos, y hasta puede causar actuaciones innecesarias o dañinas, porque tiene dificultades para predecir, administrar y construir la realidad. Pero aunque parezca esto exagerado, ella también puede estar viviendo una pesadilla del dolor sin sentir o tener daño alguno. A pesar de que el daño y el dolor suelen ir a la par, ellos no tienen que estar necesariamente relacionados. Nuestra mente puede frecuentemente procesar información conforme a las experiencias ya vividas, la educación formada y situaciones familiares, pero si decide —sin buscar más justificaciones— declarar algo como dolor, para ella ese dolor será real, con daño o sin él, y no dejará de serlo si nuestra mente así lo decide. Así comenzará un peregrinaje por una vida llena de dolor, donde nada funciona para mitigarlo.

Otra de las consecuencias de experimentar dolor es que nuestra mente —como parte del aprendizaje— se puede volver más miedosa, más cautelosa y desconfiada. De hecho, nuestra transformación de niños a adolescentes y de adolescentes a adultos nos hace ser miedosos por instinto, y tal miedo se vuelve una alarma para ayudarnos a resistir cualquier dolor que pueda causar una nueva experiencia o cualquier amenaza inesperada. Sin embargo, es posible que nuestra propia mente esté completamente equivocada y tal aprendizaje se vuelva en contra de nosotros. Aun así, tan irónicamente como se oiga, tal equivocación es necesaria para ayudarnos a conocer realmente cómo somos (nuestros temores, dudas, desconfianzas, aprensiones).

¿Por qué esta equivocación mental en cuanto al dolor es una lección necesaria? Si la mente continuara equivocándose y no aprendiera a evaluar eficazmente las alarmas, los síntomas, los pensamientos o cualquier señal amenazante que trate de prevenir cualquier dolor, el ser humano se volvería exageradamente temeroso y estaría influenciado negativamente por cualquier situación, por muy pequeña, insignificante o inofensiva que esta fuera, dándoles lugar a la aflicción y a la angustia que se hacen presentes en todo momento. Esto aun se distingue cuando nos atemorizamos de cometer un error. La mente está constantemente tratando de predecir, interpretar y construir imágenes que nos ayudan a adaptarnos al mundo que nos rodea. Y en esta construcción de imágenes, el dolor es una de sus muchas predicciones aunque, como lo hemos expuesto, en ocasiones no es la acertada. Y sin intención preconcebida, nos volvemos víctimas de una obstinación de nuestra mente, que vive en constante dolor y temerosa, y que además crece alimentándose de factores negativos, de malos hábitos adquiridos y del desconocimiento de nuestros propios mecanismos mentales. Únicamente reconociendo estas fallas mentales podremos aprender a discernir lo real de lo superficial, lo que es verdaderamente un dolor y lo que es verdaderamente un daño.

El dolor es un proceso de quebrantamiento, pero un quebrantamiento no tiene que ser necesariamente negativo, puede también tomarse como un proceso de reconstrucción cuando el edificio (templo, monumento) no se va desarrollando conforme al plano original.

Ejercicio espiritual: ¿Qué piensas acerca del dolor? ¿Es necesario? ¿Puede la humanidad vivir sin dolor? Si tu respuesta es sí, ¿entonces crees tú que nos volveríamos más insensibles a las necesidades de los demás? ¿Cómo manejas tu propio dolor? Reflexionemos acerca del dolor y meditemos en las cosas buenas y malas que este trae consigo. Aceptemos entonces cuando el dolor es bueno para mejorar nuestra sensibilidad hacia los demás, pero descartemos la necesidad de sentir dolor cuando este solo nos vuelve unas víctimas.

VII

Meditación

L A MEDITACIÓN ES el ingrediente indispensable
y vital para toda persona que desea encontrar su
espiritualidad. Ella se conoce por diferentes nombres, o también
puede decirse que sus resultados se pueden lograr por diferentes
métodos: oración, reflexión, meditación zen, lectura y estudio,
misticismo, etcétera. Pero para poder apreciar los aspectos de la
meditación, hay que comprender que todos somos seres humanos
diferentes. Nunca debemos compararnos con los demás. Si un
método de meditación es más práctico para uno, no quiere decir
que la otra persona que use otro esté equivocada.

El motivo o concepto de la meditación está asociado a
la concentración y a la reflexión profunda. Y ella se vuelve
punto de debate, porque automáticamente se enlaza con todas
las diferentes prácticas religiosas que existen, con el control
mental y la espiritualidad en general, pero el entendimiento
de estos conceptos depende del conocimiento de cada persona.
La meditación es simplemente practicar la concentración, la
reflexión, el aislamiento y la atención sobre un pensamiento,
un objeto externo, nuestro interior o nuestra propia conciencia.
Ella se vuelve uno de los pilares más fuertes de nuestra
espiritualidad cuando comprendemos todos sus beneficios:
puede contribuir a fortalecer nuestra memoria, vigorizar una
buena salud, reducir de manera muy significativa los niveles
de estrés, ayudar a calmar estados de ansiedad y depresión,
reducir ciertas enfermedades como el insomnio, incrementar
nuestra vitalidad energética y mejorar la relación con nuestro
interior, permitiendo que nuestro ser pueda responder mejor

a las afecciones, las molestias, los aprecios y desprecios que vengan a uno.

Vimos en capítulos anteriores cómo el dolor, sin que existan daños, puede manipular el proceso mental de las personas. Ahora bien, la meditación es una práctica esencial para aumentar la sabiduría, erradicar el sufrimiento y analizar las verdaderas causas del dolor. Y esto se logra a través de la introspección (el conocimiento que un individuo logra hacerse acerca de sus propios estados mentales), lo que permite interrumpir cualquier forma de automatismo. Pero en el otro polo de nuestra individualidad, la meditación también ayuda a la autosugestión, que es un proceso mental a través del cual la persona entrena a su voluntad para fijar una asociación mental o para convencerse de alguna cuestión.

Fuera de todo prejuicio o mal entendimiento que la gente tenga sobre la meditación, sería de gran beneficio comprender por qué se vuelve una herramienta muy vital para nuestra espiritualidad. Cuando la veamos como una disciplina que nos ayuda a alcanzar grandes niveles de concentración y a ponerle mejor atención a nuestra conciencia, entonces podremos estudiar internamente todos nuestros pensamientos y emociones sin interferencias, y conocernos mucho mejor a nosotros mismos. Como un logro individual de la meditación, es posible llegar a tener la capacidad de saber qué pasa dentro y fuera de nosotros, y así escoger el mejor camino para aceptar lo que somos y el presente. Para hacer más claro mi punto de vista, pensemos en los viejos tiempos de la fotografía, cuando todavía no existían las computadoras y uno entraba a un cuarto oscuro para revelar las imágenes que su cámara había captado. Tal como este cuarto puede ser aislado y muy callado, así es también esta práctica de la meditación, y aunque mucha gente pensara que el ser callado es un castigo o es bastante aburrido, puede ser la mejor forma de mirar profundamente a nuestro interior. Tomarse tiempo para descubrir nuestro interior es tan importante porque nos ayuda a sentir el presente, que nuestro cuerpo tiene vida, cómo despierta, cómo él mismo busca un equilibrio en todo, cómo se fortalece y recupera el deseo de seguir viviendo. Este tiempo le da más contenido y propósito a todo, ayuda a nuestras emociones y a nuestros sentidos a apreciar las cosas mucho mejor.

Pero es una gran ironía que ahora vivimos más conectados con todo el mundo gracias a la tecnología y podemos comunicarnos hasta el otro extremo del mundo en un instante, pero aun así sufrimos una soledad inmensa que tratamos de negar y ocultar porque no hemos aprendido cómo interpretar todo lo que nuestro interior está asimilando en una forma tan precipitada y violenta; por lo tanto, nos volvemos parte de una superficialidad de grandes dimensiones. Lo más loco de todo esto es que estamos viviendo tiempos donde los cambios están ocurriendo violentamente, y la gente debe adaptarse a las diferentes demandas que estos cambios traen: sueldos reducidos, competencia laboral, más violencia en lugares que antes habían sido más seguros, políticas más extremas. Solamente mediante el retiro personal de cada uno a lugares donde se pueda reflexionar, meditar o tener una atención plena (*mindfulness*) lograremos individualmente contar con una salud necesaria que nos libre de ansiedades o enfermedades similares para poder mantenernos en camino a nuestra espiritualidad.

¿Cómo lograr ese tiempo necesario para uno mismo, sin tener que ponerle un sabor religioso ni que se asimile (o pronuncie) como si esto fuera más budista, más cristiano o más islámico? No es nada difícil, solamente hay que entender que al proclamar que una meditación es mejor que la otra estaríamos bajando a un nivel de espiritualidad muy absurdo e infantil, como niños que pelean con prejuicios, pretendiendo ser más humildes y sabios, pero demostrando todo lo contrario con estúpidas comparaciones. Como ya habíamos explicado, la meditación implica reflexionar sobre asuntos provechosos, sobre buenas cualidades, sobre todo lo que sea de buen nombre y sobre los asuntos de nuestro corazón. Si es necesario apacentar (educar) nuestra mente para que aprenda a guardar silencio, entonces no hay nada de malo en buscar la mejor forma de lograrlo (poner música calmada, concentrarse en una sola palabra o en lograr tener un solo pensamiento). El objetivo es vaciar la mente (como principiantes) para poder reflexionar con más claridad. Una vez que nuestra mente ya no esté tan alocada o precipitada para pensar en asuntos pendientes, deberes o demandas, entonces podremos comenzar a meditar sobre cosas que sean verdaderas, justas, puras, amables, de buena reputación, llenas de virtud y dignas de halago. Si comenzamos a cultivar esa clase de pensamientos en nuestra mente, comenzaremos a ver mejores cualidades que antes no habíamos tenido el tiempo de notar en nosotros mismos o en los demás. Una vez que esta práctica se vuelve algo normal y parte de nuestra vida, lograremos traer diferentes asuntos cotidianos a una atención más plena (*mindfulness*) sin importar los factores externos en cualquier momento y en cualquier lugar, y proceder con más cordura, equilibrio, juico y criterio ante todas las personas. De esta misma forma, vamos conociendo nuestro interior más claramente, porque entraremos a él en plena atención, sin máscaras, pretensiones, exigencias, orgullos, fantasías o demandas, sino con una transparencia tal que no tendremos que ocultarnos nada y aprenderemos aceptar nuestras deficiencias y nuestras buenas cualidades.

En conclusión, recordemos el dicho tan común que dice que lo que habla nuestra boca es lo que existe en nuestro corazón. Dentro de nuestro corazón puede haber razonamientos perjudiciales, ya que nuestra propia lengua puede ser como fuego que debe controlarse. Yo entiendo que nuestro corazón pudo haber sido parte de tragedias, calumnias, exageraciones, maldades, engaños, maldiciones, desdichas, pero está en nosotros el alimentar los sentimientos consecuentes a esas experiencias o encontrar un mejor dictamen que nos ayude a entender nuestros sentimientos y emociones. Es uno quien decide quién desea ser, y solo con una atención plena a nuestro interior descubriremos quiénes somos realmente.

Ejercicio espiritual: La meditación o contemplación no requiere muchas horas. Al comprender que todos somos diferentes, tal ejercicio espiritual debe ser formulado de acuerdo con nuestras aspiraciones y limitaciones. Pero no desechemos la importancia de tomarse el tiempo para meditar, reflexionar o contemplar la palabra y la presencia de Dios. Somos seres espirituales, y para lograr un desarrollo en el entendimiento de nuestro espíritu debemos ejercer la práctica y la conciencia como un ejercicio (entrenamiento o deporte) indispensable para nuestro beneficio.

VIII

El ascenso y el descenso

U NO DE LOS propósitos más significativos que se
pueden lograr después de vivir una vida contemplativa
(haciendo meditación regularmente) es la reflexión de nuestro
propio ascenso espiritual y el lograr una conciencia en tres áreas
de nuestra vida:

1) Interior: tener una mejor percepción acerca de nuestro
   crecimiento, de las cosas que no podemos explicar, y
   nunca llegar a pensar que ya lo hemos aprendido todo.

2) Exterior: lograr un mejor discernimiento en los factores
   externos que nos rodean y nunca permitir que estos
   influyan negativamente sobre nosotros.

3) Con ambos: cosechar un mejor criterio en el espacio
   espiritual, que nos ayude a apreciar toda la creación
   de Dios —todo ser humano, todo animal, el
   medioambiente—, logrando contar con el mismo amor
   incondicional que Dios tuvo para capturar nuestro
   corazón rebelde.

¿Pero cómo lograr esta madurez espiritual si aún no hemos
sido capaces de dominar nuestro propio ego? No es nada fácil,
y menos cuando logramos entender que todos pasamos por
muchas etapas en nuestra vida, de preparación, de examen,
de autoexamen y de reconciliación (o restauración). Pero
la dificultad se acentúa más cuando existe un problema de
retroceso espiritual, y este problema se vuelve más resistente
cuando no le damos el verdadero significado a lo que

comúnmente entendemos como pecado. La mayoría de la gente toma la palabra «pecado» como una tentación o un acto de desobediencia contra Dios, y en realidad su significado es otro: es el errarle o desviarse de tirar exactamente en el blanco (o a la marca). En términos más comunes, el cometer un pecado es no tener «puntería» en el sentido de realizar algo que nos hace perder nuestro objetivo de ser mejores personas espirituales. En conclusión, todo lo que nos impida crecer espiritualmente es raíz de estar desviándose del blanco o errándole. Un ejemplo bien claro de cómo afecta el pecado es cuando las personas se van al extremo de sus impulsos o deseos, como comer, hablar mal, mentir, juzgar, etcétera. Estos actos no son la raíz de un pecado, puesto que todos podríamos seguir comiendo, hablando ignorantemente o argumentando sin conocer la verdad, pero estas mismas actitudes pueden causar pecado cuando se llevan al extremo, provocando conductas que ya se vuelven parte de uno. Por lo tanto no es el verbo lo que hace el pecado, sino su conjuración, una conjuración que se vuelve una insensibilidad a una condición en la que estas personas se están haciendo daño ellas mismas, porque ya no pueden reconocer el objetivo (y eso es errar en la marca); por ejemplo, glotonería, pereza, ira, lujuria, avaricia, soberbia, envidia, etcétera.

Aparte de reconocer ciertos impulsos que nos pueden llevar a los extremos y a errar en nuestro objetivo, además pasamos por esos diferentes períodos que mencioné anteriormente, los cuales también pueden ser factores de atraso.

A lo que hago referencia es que cada etapa de preparación, examen, autoexamen y reconciliación tiene que ser superada (o alcanzada como si se obtuviera un título por haber logrado algo), aunque generalmente también suele suceder lo siguiente: al pasar por estas etapas diferentes que se nos presentan y llegar a dominarlas, nuestro mendigo ego termina tomando todo el crédito por dicha victoria, sobresaliendo, exaltándose, aprovechando para ponerse arriba de toda plataforma, y allí es donde tal superación, por muy bien que pudo haber sido alcanzada, solamente llega a ser entendida (pero no superada).

Y es lo mismo en todas las etapas. Siempre podemos comenzarlas sin conocimiento alguno, lo cual nos hace sentir humildes e indefensos, pero a la larga todos los logros nos vuelven arrogantes y más creídos.

Aparte de atravesar diferentes etapas y de cometer menos pecados, también pasamos por diferentes dimensiones espirituales que no son lugares, sino más bien distintos estados de conciencia. El pasar a una dimensión superior no significa viajar a otro lado, sino simplemente apreciar aspectos más profundos y excelentes del espacio en donde estamos en ese momento de nuestra vida. Por eso es muy importante la práctica de la meditación, ya que nos ayuda a reflexionar en todo momento y experiencia.

Aunque parezca algo confundido, todas las dimensiones espirituales nos ofrecerán algo diferente. En una somos más perceptivos al mundo físico y a lo que nos rodea. En otra nos volvemos más sensibles a los sentimientos y pensamientos de los demás, sin que todo esto parezca tener un orden o ascenso específico. En otra tenemos más conciencia de nuestro interior y de todos los cambios que nuestro ser está haciendo. Y en otra somos más perceptivos al ambiente espiritual, lo cual nos ayuda a ampliar nuestra conciencia para amar incondicionalmente todo lo que existe y fue establecido por el Creador.

Nuestro ascenso espiritual no es para decir públicamente que hemos logrado la perfección, es simplemente para conocer lo que verdaderamente es Dios. Un verdadero ascenso espiritual nos revela que Dios es amor, y así, con ese mismo amor que descubrimos en Él y en su presencia, así es vivir en amor con los demás. Si nos acercamos hacia el amor de Dios, nos alejaremos de los prejuicios, de los temores, de las comparaciones y de todo aquello que nos aparte de ese amor inexplicable.

El ascenso espiritual nos ayuda a entender muchas cosas. Es bueno comprender que cada persona tiene sus razones para actuar desconfiadamente, con prejuicios, temor, recelo, sospecha, aprensión, y nosotros no somos quién para juzgar a tales personas que están sufriendo ciertas limitaciones. El amor incondicional nos ayuda a entender las etapas por las que ellas pudieran estar pasando. Por otra parte, también es necesario reconocer que la mente tiene la facultad de crear la realidad que la rodea. Así que si victimizamos a alguien que está sufriendo, estaremos contribuyendo a que esa persona siga sufriendo. Hay que ser conscientes de que siempre colaboramos para seguir creando esa realidad. En cambio, si pensamos en esa persona con amor y contribuimos de forma positiva a su vida, se expandirá ese amor y la energía positiva que necesita.

Aunque parezca difícil de entender, nuestro ascenso espiritual no es nada complicado. Tomará su tiempo, ya que es un trayecto largo (una odisea) en el cual hay mucho que aprender, pero la paciencia es el fruto que más se cultiva en este proceso. Es un camino donde más bien hay que aprender a soltar y liberarnos de tantas cosas que nos fueron impuestas o que nosotros adquirimos por falta de discernimiento y sabiduría.

Con todos estos puntos de observación ya establecidos, no olvidemos que cuando Dios provoca cambios en nuestra vida, siempre estos cambios vienen con propósito. Tomemos como ejemplo, una vez más, las siete separaciones de Abraham que ya ilustramos anteriormente.

1. Cuando Dios le pidió a Abraham separarse de su tierra natal, su propósito era preparar el corazón de Abraham. Porque después de lograr que ese corazón se entregara y se hiciera más libre de toda atadura, iba a nacer una devoción (una entrega absoluta a Dios) para poder terminar el camino que Abraham iba a comenzar y llevar por un largo tiempo.

2. Cuando Dios le pidió separarse de su parentela (de la casa de su padre), su propósito era preparar las emociones de Abraham y hacerle olvidar hábitos, costumbres, prácticas que solían darse en ese hogar. Así, él adoptaría más prudencia para el viaje.

3. Cuando Dios le pidió separarse de Egipto, su propósito era preparar el espíritu de Abraham y hacerlo más humilde, y evitar que pensara que ya lo sabía todo y no se atuviera a los conocimientos que tal vez pudo haber adquirido en las mejores disciplinas de Egipto, porque tales cosas no le iban ayudar a sobrevivir los años en su peregrinación.

4. Cuando Dios le pidió a Abraham separarse de Lot, su propósito era preparar los deseos de Abraham y hacer de él una persona con más pureza, una cualidad que Abraham también iba a necesitar más adelante.

5. Cuando Dios le pidió a Abraham separarse de las riquezas, su propósito era preparar los intereses de Abraham y hacer de él una persona más generosa (agradecida). Alguien agradecido logra más en la vida que alguien ingrato.

6. Cuando Dios le pidió a Abraham separarse de Ismael, su propósito era preparar la mente de Abraham y hacer de él una persona con más diligencia, o sea, el saber aplicar las cosas con atención, ya que la promesa estaba por darse.

7. Cuando Dios le pidió a Abraham separarse de Isaac, su propósito era preparar las ambiciones de Abraham y hacer de él una persona llena de nobleza, ya que él sería el padre de muchas naciones, una promesa muy ambiciosa para cualquiera y que le habría costado todo si su corazón no estaba bien.

Estas fueron siete separaciones que marcaron cambios drásticos en la vida de Abraham, pero también fueron la indicación de una ascensión espiritual. Tomemos otra ilustración para poder apreciar que la ascensión espiritual no es cosa de otro mundo ni tampoco algo tan difícil o complicado en nuestra vida. Solamente si entendemos que el pecado es sencillamente no tener puntería para lograr un ascenso espiritual, entonces podemos ver la aplicación de esta misma analogía con los siete pecados capitales. Es necesario explicar que no se mencionan en la Biblia así como comúnmente se los conoce, «pecados capitales», pero serán usados en este capítulo como ejemplo para ilustrar un punto de vista que contrasta con el error de no darle en el blanco. Este mismo ejercicio se puede hacer con otros pecados que sí son mencionados en la Biblia.

Los siete pecados capitales son gula, pereza, ira, lujuria, envidia, avaricia y soberbia. Se los llama «capitales» porque de ellos pueden originarse aún más pecados, serían la raíz de muchos más males.

Como ejemplo, si una persona tuviera un problema de gula (desenfreno de apetito), el pecado no es a raíz de que su deseo de comer sea malo, simplemente su desenfreno en la comida es lo que no le permite pegarle bien al objetivo que le puede ayudar en ascender espiritualmente.

Pero como todos somos tan diferentes en nuestra forma de asimilar lecciones y llevar nuestra preparación espiritual, Dios tratará con cada uno de nosotros en una forma muy diferente e individualmente. Y solo como ejemplo, añadiré que puede existir una separación para aquellos que no pueden resistir este pecado de gula, así como Dios lo hizo con Abraham. Pero con el único propósito de prepararlos y que logren un ascenso espiritual, no como castigo. Tal separación puede traer muchos resultados favorables, pero según mi punto de vista, sería para ascender en el área de la prudencia.

De esta misma forma, si una persona tuviera problemas con la pereza (o el querer la comodidad en todo lo que hace), el pecado no está en buscar las cosas fáciles evitando lo que causa cansancio, simplemente es la ociosidad (o vagancia) lo que puede estar impidiendo a tal persona crecer espiritualmente. La preparación, la separación, el autoexamen y todo lo que forma parte de este proceso sería con el motivo de ascender en el área de diligencia.

Igualmente, si estudiamos cada pecado con una disposición más profunda, descubriremos las causas, no superficialmente, sino con más transparencia, de por qué tomamos una acción tan sencilla y la llevamos al extremo, sin provecho alguno (solo se convirtió en piedra de tropiezo).

Otros ejemplos

Al estudiar un pecado, hay que entender el valor que tenía antes, el valor que perdió y la posible virtud que se puede alcanzar después de lograr un ascenso espiritual. Solo de esta forma podemos entender por qué no le estamos dando en el blanco.

PECADO	EVALUACIÓN	DEVALUACIÓN	VIRTUD
Gula	Comer bien	Comer desenfrenadamente	Prudencia
Pereza	Comodidad	Vagancia	Diligencia
Ira	Conocimiento de... Violencia	Humildad	
Lujuria	Deseos sexuales	Placeres desenfrenados	Pureza
Envidia	Cualquier tarea	Rivalidad	Generosidad
Avaricia	Disciplinas	Perfección en todo	Devoción
Soberbia	Autoestima	Nuestro ego	Nobleza

Hagámonos dos preguntas muy importantes: ¿Qué pasa cuando no les damos la atención necesaria a los pecados? ¿O cuando no estamos pendientes de aprender la causa por la que no les damos en el blanco a ciertas acciones personales? El descenso puede ser el que veremos en el siguiente cuadro (aclaración: estos son solo ejemplos, tales representaciones no se deben tomar como decretos o leyes espirituales). Dicho cuadro es solo una invitación para meditar en nuestras deficiencias o fallas, y buscar un mensaje más profundo en cada experiencia personal para lograr una oportunidad que nos lleve al ascenso espiritual.

PECADO	VIRTUD	CORRUPCIÓN DE TAL VIRTUD NO LOGRADA
Gula	Prudencia	Hacer negocios sin moralidad y sin respeto
Pereza	Diligencia	Hacer riquezas sin trabajo y sin compromiso
Ira	Humildad	Formarse una educación sin carácter y sin conducta
Lujuria	Pureza	Tener placeres sin conciencia y sin escrúpulos
Envidia	Generosidad	Formarse estrategias sin principios y sin virtudes
Avaricia	Devoción	Tener conocimientos sin humanidad y sin comprensión
Soberbia	Nobleza	Tener una adoración sin sacrificio y sin abandono

Ahora, para cerrar este capítulo, también podemos mencionar veintisiete indicadores que revelan un ascenso espiritual en nuestra vida. Aunque esta lista no es completa, solo nos deja una mejor idea de cómo deberíamos comportarnos con los demás; es un comportamiento que solo refleja cierta madurez o ascensión espiritual en nosotros.

1. Comprendes al prójimo tanto en sus defectos como en sus buenas cualidades.
2. Amas a toda persona con un amor incondicional.
3. El dinero deja de ser tu prioridad y fuente de felicidad.
4. Tomas una prioridad en ver la mano de Dios en todo y en todos.
5. Tienes una seguridad en ti mismo sin ser arrogante.
6. Tienes una notable nobleza sin sentirte una víctima.
7. Disfrutas y respetas toda la creación de Dios, tratando de no causar daño (a seres humanos, animales y todo lo que encuentres en el ambiente o a tu alrededor).
8. Tu interés en las estimulaciones externas ya no tiene tanta preferencia personal (ejemplos: alcohol, drogas,

comidas, consumismo, sexo, debates, política, opiniones).

9. Tratas de impartir siempre algo positivo y dejar una huella transparente en cada paso que das.
10. Dejas de compararte con los demás.
11. No te preocupas más con ansiedad por lo que el futuro traerá.
12. Ves la vida misma y cada uno de sus días como un milagro.
13. Comienzas a ser más consciente de que todo en esta vida trae un mensaje, nada es por accidente o coincidencia.
14. No desprecias a nadie, tratas a todos por igual, al pobre, al rico, al rencoroso, al alegre, al hombre, a la mujer, no hay diferencia de sexos.
15. Tratas de conservar cierta inocencia para que los prejuicios no entren a tu corazón.
16. Buscas más lo espontáneo para que el espíritu de todos se manifieste con toda libertad.
17. Tomas más tiempo para meditar y tratas de no perder tiempo en chismear.
18. Eres más sensible al dolor de las personas, sientes cierto dolor de ellas en ti más pronunciado que antes.
19. Eres más generoso con los demás (con tu tiempo, tus recursos, tus alimentos, etcétera).
20. Sabes cómo mantener una energía positiva y rechazas todo lo que se pueda convertir en energía negativa.
21. Te vuelves más reservado y tu hablar es más íntegro, tratando de no dañar a nadie.
22. Encuentras una pasión o visión más grande que tú mismo.
23. Desarrollas un amor muy especial por las cosas divinas.
24. Pierdes el interés por el drama o por asuntos que no te pertenecen (ajenos).
25. Te vuelves más consciente de tus palabras, pensamientos y actos, y de las consecuencias de ellos.
26. Tienes más paciencia y tolerancia para con los demás y contigo mismo.

27. No sabes guardar rencor, porque la compasión es parte de ti mismo, y comprendes que todos pasamos por diferentes niveles de desarrollo espiritual por los cuales se puede sufrir, y que nadie debería tomarse las cosas muy personalmente.

Ejercicio espiritual: El ascenso y el descenso en nuestra vida son inevitables, el problema está cuando no deseamos aceptar que ciertas actitudes nos hacen descender y ciertos logros nos levantan el ego innecesariamente. Lo bueno sería invertir nuestro aprecio en esto, celebrar cuando logramos identificar algo que debemos cambiar en nosotros mismos y mantenernos humildes cuando conseguimos logros personales.

IX

Tiempos y estaciones espirituales

APARTE DE EXPERIMENTAR diferentes etapas o estaciones espirituales en nuestra propia peregrinación, también existe una hora muy especial que se puede asociar a una de las más oscuras de nuestra vida: la Hora de Medianoche. Esta hora se aprecia como una transición de mayor impacto que uno nunca olvidará fácilmente, y está relacionada con las tragedias o las aflicciones de alto grado, como divorcios, muertes, desempleos, enfermedades severas, etcétera. Las transiciones que ocurren en esta Hora de Medianoche son simplemente portales que nos desean conducir a nuevas temporadas, y estas nuevas temporadas a menudo comienzan durante crisis mayores. La Biblia hace bastantes referencias a esta hora, y nunca fueron fáciles para los personajes involucrados en los relatos de estas escrituras. Para una mayor apreciación, se puede encontrar la ilustración completa de este tema en mi libro *La Hora de Medianoche*, publicado en 2012.

La Hora de Medianoche traerá experiencias muy desordenadas y oscuras a la vida de uno, su actividad de desplazamiento trata de quebrantar cualidades personales, y uno siente que no va a amanecer vivo al día siguiente. A su vez, estamos más propensos a distraernos por la inmensa actividad que esta hora trae: las situaciones personales pueden escalar de un momento a otro, las emociones se vuelven como aguas tormentosas y muy turbulentas, nuestra buena percepción se empaña y el miedo desea asumir el control de toda nuestra mente. Por todos estos factores, las emociones se vuelven más inestables, provocando que nuestro sentido de orientación sea menos confiable.

¿Por qué este tiempo espiritual se conoce como la «Hora de Medianoche»? Es cuando el tiempo marca un nuevo amanecer, pero no se trata de un tiempo crónico, al que estamos acostumbrados, simplemente es una expresión simbólica para ilustrar que Dios decide separar la noche (la oscuridad) de nuestra vida y traer un nuevo amanecer. Un tiempo espiritual donde se nos da la oportunidad de separarnos de un período en el cual hemos experimentado pura angustia, falta de algo más sólido, ignorancia, confusión, oscuridad y falta de entendimiento. El hecho de no avanzar en nuestra vida compromete a Dios a conducirnos a un nuevo amanecer. ¿Por qué mencioné que esto compromete a Dios? Porque Él se juró a sí mismo nunca dejarnos como nos encontró, y su promesa fue que Él nos ayudaría a lograr nuestra madurez espiritual. Y aunque el amanecer se oiga como una mejor oportunidad y en un sentido figurado el sol sale muy hermoso en cada nuevo día, el cambio no es así de fácil, ya que por mucho tiempo aprendimos a convivir y nos acostumbramos a la misma oscuridad en que vivíamos.

Me sería muy difícil explicar la Hora de Medianoche en un solo capítulo, pero para tener un conocimiento general, es necesario pensar que este tiempo espiritual es como experimentar una de las separaciones de Abraham en su máximo abatimiento. Todos estos tiempos de transformación son temporadas espirituales que llegan a nuestra vida, pero no por accidente o casualidad, sino con intención: siempre existe un propósito.

En este capítulo, trataré de explicar la Hora de Medianoche en una forma sencilla y práctica, ya que es de gran profundidad, porque la intensidad de su experiencia nos obliga a formarnos nuevos pensamientos, pero una vez que nos formamos un nuevo pensamiento, nos damos la oportunidad de hacernos una nueva afirmación, y después de tal afirmación, cambia nuestra mentalidad. Así, después de esa nueva mentalidad, establecemos una nueva personalidad (o aportamos otra cualidad a ella). Y como resultado, toda personalidad denota un carácter que formará su propio destino, que dejará un legado. Ahora imaginémonos que no hayamos sabido aprovechar la lección de la Hora de Medianoche, y en vez de formarnos un nuevo pensamiento, solo hayamos alimentado un viejo prejuicio (o continuado con una ceguera o aprensión). Entonces, al final del proceso, terminaríamos más miserables, más llenos de rencor, temor y odio por pensar que la vida ha sido muy injusta con nosotros, por tal motivo mi pensamiento es que esta Hora de Medianoche es muy crítica y sensible. Aunque esta Hora de Medianoche no surge tan seguido como las otras estaciones o etapas espirituales, es importante hablar de ella. Por lo tanto, antes de hacer una síntesis de la Hora de Medianoche, debemos establecer varios elementos o aberturas importantes. Siempre existirán principios (el porqué de cada evento), y esos principios tendrán su propio significado (el efecto de cada principio).

La puerta	La llave o el significado
o	o
El principio	Saber recibir una nueva revelación
El aceptar	Saber abrazar y comenzar de nuevo
El escuchar	Saber dar oído
La unión	Saber unirse a Dios (espiritualmente)
La preparación	Saber qué es adoración
La demostración	Saber identificarse con Dios
La visión	Saber aceptar nuestros dones y derechos
La contienda	Saber juzgar y decretar
La amistad	Saber tener confianza y ocupación
El propósito	Saber ser bendición y consuelo
La transformación	Saber cómo persistir
La devoción	Saber cómo encontrar la abundancia en Él
La penetración	Saber cómo tener todo en Él

Antes de empezar a navegar con estos principios en nuestro camino de la espiritualidad, hay que entender que entre más profundo nos metemos en este sendero, más enigmático se vuelve nuestro camino. No es porque los secretos de la espiritualidad estén escondidos para nosotros, sino porque simplemente vamos adquiriendo una vista más profunda y una percepción más intuitiva. Dicho esto, la meditación se vuelve más intensa; los estudios y las lecturas de las escrituras, más detallados; y la presencia de Dios, más repentina y espontánea.

Entonces, durante su avanzado peregrinaje, uno empieza a darse cuenta de que no hay accidentes ni coincidencias, hay un orden espiritual y existen leyes que rigen el movimiento de todo, y aunque mucha gente dude de la autenticidad de la Biblia — que fue inspirada por el Espíritu de Dios en los hombres—, estas escrituras fueron exactas en su contenido y establecidas con gran armonía en cada capítulo, de modo que no hay contradicción alguna en el volumen completo. Cada versículo concuerda sin contradecirse, y cada volumen ofrece el necesario sostén y apoyo a los demás volúmenes de la Biblia. En mi libro *La Hora de Medianoche* explico toda esta estructura bíblica y cómo el tabernáculo de Moisés fue el primer modelo (patrón) para acercarse a Dios, una representación que anunciaba todo acerca de Jesús y su labor en la tierra.

Sería interesante explicar en este capítulo la representación de Jesús a través del tabernáculo de Moisés, pero nuestro enfoque está en las doce tribus que acompañaron a Moisés en este campamento. Estas tribus habían acampado alrededor del tabernáculo y servían como protección y cuidado para que los sacerdotes y Moisés hicieran sus debidas invocaciones a favor del pueblo. Como ya había mencionado antes, símbolos, nombres, números, tiempos, circunstancias, eventos, etcétera, todo correspondía a algo más profundo de lo que se puede entender con una simple lectura. Como parte de este tema, estudiaremos un poco los nombres de las tribus que rodeaban el campamento, nombres que tampoco se dieron por accidente.

Tribu	Significado de la palabra
Rubén:	«Mirad; un hijo te doy; nacimiento».
Simeón:	«Escuchad; dar oídos».
Leví:	«Adjuntarse; unión con Él».
Judá:	«Alabad; adoración».
Zabulón:	«Identificarse con Él».
Isacar:	«Galardón».
Dan:	«Juzga».
Gad:	«Vencedor».
Aser:	«Regocijarte».
Neftalí:	«Luchar».
José:	«Abundancia en Él».
Benjamín:	«Todo está en Él».

Estas doce tribus del campamento se formaron por los doce hijos de Jacob (Israel). En una síntesis también demasiado corta, desearía explicar que el nombre de cada tribu representa la revelación de un valor que vamos a ir descubriendo en el caminar de nuestra propia jornada espiritual. Esa revelación se volverá como la llave de una puerta que uno después aprende a usar o apreciar, pero también se vuelve parte de uno. Y es en esa hora tan difícil que esa llave se nos presenta a través de una crisis muy grande como la oportunidad de entender un propósito (el principio) de algo (una cualidad o propiedad espiritual) que está por manifestarse (revelarse) en nosotros o para nosotros. Una revelación es siempre dada para beneficio de uno, un principio es siempre ofrecido para entender la intención que se necesita llevar a cabo y una reflexión es lo que nos puede ayudar a tener mejor entendimiento en cuanto a esa experiencia.

La revelación	El principio	La espiritualidad
o	o	o
El acceso	La intención	La reflexión

Nuevo día; nacimiento	El abrazar	Respirando
Escuchar	El sonido	Cultivando
Unión con Él	La alianza	Maravillándose
Alabanza y adoración	La preparación	Señales y símbolos
Identificación con Él	La demostración	Comunidades
El galardón	La visión	Entrenamiento
Juzgar; decretar	La contienda	Convicción
Confianza; vencedor	La amistad	Sustancia
Regocijo y bendecir	El propósito	Sacrificio
Luchar	La transformación	Cambios
Abundancia en Él	La devoción	Oración
Todo en Él	El ascenso	Cumplimiento

Presentaré tres ejemplos para entender las relaciones que existen en estos cuadros. Estos ejemplos no son absolutos o definitivos, ya que en el ámbito espiritual pueden existir muchas variaciones en cualquier momento de crisis.

> Ejemplo 1: Cualquier crisis o dificultad enorme que viene a nuestra vida nos puede llevar a que no entendamos por lo que estamos pasando (tal cuadro puede ser la muerte de un ser querido, un divorcio, etcétera), pero si decidimos aceptar que es una nueva oportunidad, entonces solo necesitamos abrazarla (afirmarla), respirar y soltar todo. El saber abrazar (aceptar las circunstancias) nos dará parte del entendimiento: no nos estamos poniendo en contra de la marea, pero tampoco nos ahogamos en ella. Esa misma actitud nos hace agarrar la llave para un nuevo comienzo o la revelación de algo nuevo.

Ejemplo 2: Durante cualquier crisis, todas nuestras habilidades, experiencias, capacidades, incompetencias y torpezas se ponen en exhibición. La preparación previa que hayamos logrado para dicha dificultad muchas veces es limitada y hasta inadecuada. Esa misma crisis trae para nosotros una nueva preparación, pero para ello debemos tener el corazón agradecido, porque estas solo son oportunidades para el desarrollo individual. Aunque no entendamos las cosas, el poder del agradecimiento es como una medicina para nuestra alma; es saber que, a pesar de todo, ese dolor no va a durar toda una vida. Al estar agradecidos, podremos tener una mejor atención para descubrir las señales, los símbolos, los tiempos, los eventos y todo lo que nos ayude a revelar la profundidad de esa experiencia. Asimismo, esas revelaciones se convertirán en la manifestación de algo nuevo. Al entender la profundidad de esas experiencias, nos convertimos en instrumentos de adoración y beneficio para los demás, ya sea por lo aprendido o por el sacrificio que nos hizo ser un instrumento utilizado para romper con algo. En todas nuestras crisis, nuevas revelaciones son siempre posibles.

Ejemplo 3: A pesar de experimentar nuestras propias luchas y dificultades, a veces debemos ser bendición y regocijo para los demás. De hecho, ese es el propósito de nuestra espiritualidad. Si aprendemos a ser serviciales (ser bendición y dar regocijo a los demás), seremos un acto de sacrificio, y tal reflexión nos dará otra llave para recibir una revelación nueva.

Las cosas espirituales no son difíciles de entender, simplemente debemos cultivar siempre un corazón de niño, con deseos de aprender, y no tenerles miedo a la oscuridad ni a los cambios. Hay tantas cosas que uno descubre en su espiritualidad… pero no todo se puede exponer, porque existe un tiempo correcto o un nivel adecuado para desarrollar la propia espiritualidad y ampliarla debidamente.

Otra de las razones por las que las doce tribus de Israel tienen mucho significado es porque están también conectadas o relacionadas con los signos zodiacales. No hablo en forma de pronósticos, horóscopos o adivinaciones, simplemente la referencia de los signos zodiacales tiene mucho que ver con el carácter y la personalidad de cada una de las tribus (o cada hijo de Jacob). Aunque este sería otro tema muy interesante, también sé que tal vez causaría más prejuicios y temores. Solo como referencia, estos son los signos zodiacales de cada tribu.

Tribu	Significado de la palabra	Signo del Zodíaco
Rubén:	«Mirad; un hijo te doy; nacimiento».	Acuario.
Simeón:	«Escuchad; dar oídos».	Piscis.
Leví:	«Adjuntarse; unión con Él».	Tauro.
Judá:	«Alabad; adoración».	Leo.
Zabulón:	«Identificarse con Él».	Capricornio.
Isacar:	«Galardón».	Cáncer.
Dan:	«Juzgar».	Escorpión.
Gad:	«Vencedor».	Aries.
Aser:	«Regocijarte».	Libra.
Neftalí:	«Luchar».	Virgo.
José:	«Abundancia en Él».	Géminis.
Benjamín:	«Todo está en Él».	Sagitario.

Ejercicio espiritual: Toda etapa espiritual viene a nosotros con un propósito y llega exactamente cuando estamos listos para llevarla a cabo. Por muy difícil que esta parezca ser, la llave principal para sobrevivir estos eventos es confiar en que Dios tiene todo en sus manos, y solamente en Él podemos encontrar la paz y las respuestas para nuestras crisis. El meditar en su amor incondicional para con nosotros es parte de nuestro éxito en todo.

X

La mente de Cristo

UNA DE LAS controversias más paradójicas de todos los tiempos es el tratar de entender y comprender la mente de Cristo. Y no hago este comentario con ligereza o irreflexión, ya que he leído muchos textos que han tratado de exponer tal prodigio de capacidad mental, pero sus autores, por temor a equivocarse, solo han pronunciado cualidades muy superficiales. Faltan los factores que hacen que esta mente se considere la más atractiva, la más extraordinaria y la más deseada para aquellos que buscan un ascenso espiritual y aspiran siempre tener esa mente.

Para darnos una mejor idea de lo que abarca la mente de Cristo, tendríamos que atrevernos a navegar más allá de lo que dicen las escrituras, ya que ellas mismas aclaran que hubo aún muchas más cosas que escribir de Jesús, pero era imposible llenar un libro de todas esas experiencias. Se puede volver menos difícil deducir la mente de un individuo cuando examinamos todos los rasgos de su personalidad. Con esta perspectiva, consideremos primero la intensidad de los sentimientos y pensamientos de Jesús. Estos fueron creados conforme al modelo de mente que él tenía, la cual les dio fuerza y energía a todas sus palabras y acciones.

Jesús usó palabras tan impotentes que fueron la energía que provocó que muchos (si no todos) salieran de sus zonas de confort y comodidad. Los sentimientos y las palabras de Jesús estuvieron siempre llenos de contrasentidos. Esa misma energía incitó a que el cuadro religioso se sintiera atacado, pero sucedió todo lo contrario con el cuadro secular: ellos llegaron a sentirse apreciados. Jesús hizo declaraciones que lo convirtieron en un rebelde, pero a la vez daban seguridad y tranquilidad. El contrasentido de sus palabras se ve en este ejemplo: en uno de sus discursos, Jesús confiesa que nadie conoce quién es el Hijo sino el Padre; y nadie conoce quién es el Padre sino el Hijo y aquel a quien el Hijo esté dispuesto revelárselo. Al haber hecho esta declaración, Jesús está admitiendo que solo Él conoce a Dios, argumento que incita la ira y la ofensa en el cuadro religioso, pero esa misma declaración se puede tomar en otro sentido: «Si quieren saber de Dios, vengan a mí». Y tal argumento invita al cuadro secular a sentir más tranquilidad y confianza. En ambos argumentos podemos notar dos cualidades distintas que revelan el modo de pensar y sentir de Jesús: en la primera confesión aprendemos que Jesús motivó a pensar que no era difícil descubrir cómo piensa y siente Dios, y en la segunda aprendemos que Jesús llenaba de confianza al compartir un conocimiento que nos permite acercarnos más a Dios, y ya no a través de sacrificios o en ciertas estaciones del año. Ambos argumentos —tomados de diferentes evangelios, el de Lucas y el de Juan— hicieron explotar en ira al cuadro religioso, pero dieron esperanzas al secular.

No es que encontremos contradicciones en las escrituras, simplemente la mente de Cristo causó mucha polémica aun también entre sus discípulos. Pienso que no fue nada fácil para ellos seguir a Jesús (por sus enseñanzas), pero a la vez tampoco fue nada difícil (por sus disciplinas). En ambos casos, Jesús estaba formando (estableciendo) una actitud mental muy diferente. El Hijo de Dios llegó a transformar la vida de muchos, porque Él demostró reflejar los pensamientos, sentimientos y caminos de Dios (Su Padre). Es como si uno dijera: «Yo conozco lo que está pensando mi papá, porque comparto la misma mente, y solo hago y pienso lo mismo que mi papá está haciendo y pensando».

Ese cuadro, el pensar y unificar dos extremos en una sola mente (lo divino y lo terrenal), o el pensar y hacer lo mismo que ve cuando aún otros no podían ver, para mí es muy interesante después de entender cómo el Hijo de Dios nació con las mismas limitaciones con que todos comenzamos desde nuestra niñez. Él no dejó de tener una madre y un padre terrenales, tampoco dejó de ser niño, adolescente y joven adulto. Jesús creció en conocimiento, en estatura y luchando con sus emociones, pensamientos y sentimientos. Como hombre de carne y hueso, tuvo que enfrentarse a circunstancias e influencias similares a las que nosotros nos enfrentamos, pero también aprendió nuestras propias debilidades y se apropió de nuestros mismos dolores. Él experimentó los sentimientos, los pensamientos y todo lo que aflige a la humanidad, además de aguantar todo tipo de dificultades y sufrimientos por causa de asuntos políticos y religiosos, y aun con amistades y familia (ya que Jesús también tuvo hermanos). Esto hizo que Jesús aprendiera humildemente todas las limitaciones que su cuerpo de carne y hueso ponía sobre él. En otras palabras, su aprendizaje y su preparación no fueron algo «fuera de este mundo».

Jesús —siendo hombre de carne y hueso, y, a su vez, un espíritu conectado todo el tiempo con Dios (su Padre)— estuvo experimentando dos extremos que pudieron haber causado constantes conflictos mentales. ¿A dónde voy con esto? El significado de este conflicto es que Él logró equilibrar sus emociones (siendo hijo de hombre) sabiendo que Dios, su Padre, estaba presente en todo momento, y, a la vez, pudo hacer entender y demostrar (siendo el Hijo de Dios) que en las cosas de Dios no existen el tiempo ni las limitaciones, y que el espacio espiritual es muy real y diferente a como la religión lo había estado enseñando. Con este gran dilema de explicar y entender dos mundos tan opuestos, y considerando su capacidad mental, Jesús no dejó de ser un hombre afectuoso y con intensos sentimientos. Aunque durante su corta vida manifestó una amplia gama de emociones, estas no lo sobrecargaron y mantuvo la misma personalidad (espiritualidad) todo el tiempo. En varios relatos bíblicos podemos observar la inmensa ternura que tuvo por un leproso, la compasión por aquellos que no respondían a sus mensajes y la justa indignación ante aquellos que, sin importarles el prójimo o las malas obras, tomaban ventaja de los más desafortunados. También se puso en el lugar de los demás, sin tener en cuenta qué dirían de él, y en varias ocasiones hasta derramó lágrimas por sus seres queridos. Todos estos ejemplos son evidencia de que nunca escondió sus emociones y vivió de una forma muy transparente.

Jesús tenía un punto de vista equilibrado sobre los asuntos de la vida, pero nunca dejó de ser controversial, y no fue por causa de su personalidad, sino más bien por existir en dos mundos diferentes, sin dejar de ser real en uno para poder ser real en otro. El haber traído una conexión (enlace, vínculo) entre dos mundos fue lo que causó mucha discordia y oposición. Al punto que aquellos que se sintieron amenazados por tal controversia nunca supieron descifrar la mente de Cristo. En ciertos comentarios, la gente nunca supo entender las palabras que Él decía, ya que con sus acciones demostraba lo contrario. Un ejemplo de esta contrariedad fue cuando mencionó poseer muy pocos recursos (en sentido material), puesto que declaró no tener dónde recostar su cabeza. Sin embargo, su túnica preciosa fue disputada entre los soldados romanos a la hora de su muerte. Otra contradicción fue cuando realizó su primer milagro, convertir el agua en un vino de gran calidad. En esa ocasión, le dijo a su madre que su hora aún no había sido, mas por el amor a ella, él cumplió con sus deseos. Los sentimientos preciosos de Jesús y su trato con las multitudes y los diferentes rangos sociales hicieron que muchos tuvieran hambre y sed de esa esencia que él poseía. Él mismo declaró la urgencia de atender a la gente necesitada después de haber compartido con los pobres y oprimidos. Pero, aun así, Jesús nunca dejó de ser controversial. Él buscaba lo bueno que había en las personas y las celebraba, aunque también las censuró cuando fue necesario. En una época en la que las mujeres tenían pocos derechos o tal vez ninguno, Jesús las trató con dignidad y respeto. Su forma de pensar iba más adelantada que el tiempo en que Él vivió, y es porque en las cosas espirituales, el tiempo no existe.

Así también lo demostró con sus propias enseñanzas que reflejaban la realidad de un mundo espiritual y la apariencia de un mundo muy temporal. Aunque su modo de enseñar fue claro, sencillo y muy práctico de entender, porque utilizaba metáforas y alegorías, y elementos e instrumentos muy familiares para todos, el mensaje siempre fue más profundo de lo que la gente común pudiera imaginarse. Y hasta la fecha aún seguimos conformándonos con la superficialidad de sus mensajes, por no prestar la debida atención que necesitamos para entender lo espiritual. Pero el gran objetivo de sus enseñanzas siempre fue el mismo: dar a conocer a su Padre mediante muchos ejemplos, ilustraciones gráficas o comparaciones, para que tales enseñanzas no se olviden nunca y nosotros volvamos a acercarnos al Dios del amor que Él proclamó, y no al Dios de castigo y furia que la religión ha enseñado.

Tanto afecto causó cambios drásticos en el ambiente mundano y en el espiritual. Su forma tan directa y transparente de explicar la presencia, el amor y la misericordia de Dios hacía regresar a la gente para escuchar más de Él. Pero eso mismo generó mucha discordia, porque Jesús presentó un cuadro de Dios, su Padre, que obligaría a las mentes de todos a cambiar o a debatir el argumento en contra de los conocimientos de Jesús. ¿Por qué menciono esto? Una cosa es hablar de un padre lleno de misericordia y amor hacia el pobre y desfavorecido, y otra muy diferente es comparar a Dios con un padre perdonador que se conmueve al ver regresar a su hijo, y que corre y lo abraza después de que su hijo se haya visto involucrado en los asuntos más bajos de este mundo (con los cerdos), y todo porque ese mismo hijo había preferido gastarse la mitad de la fortuna de su padre en vez de disfrutar de su amor y su existencia.

Otra de las contradicciones más significativas que demostró Jesús durante su corta vida en este mundo fue su severo rechazo a la cultura religiosa que menospreciaba y sobreponía cargas o demandas muy pesadas en la gente común para que se sintiera aceptada por Dios. Pero a la vez, Jesús cumplió con todos los estatutos, los principios y las ordenanzas de sacerdotes, jueces, patriarcas y profetas de su tierra. Cualquiera de nuestro tiempo que hubiera escuchado las reprensiones de Jesús habría pensado que sus comentarios estaban llenos de discriminación e injusticia, ya que Él explicó que su Padre, Dios, era un Dios más accesible a las súplicas de un humilde recaudador de impuestos que a la espléndida oración de un orgulloso fariseo (religioso).

¿Qué fue lo que hizo muy atractiva esta personalidad de Jesús? ¿Fue acaso su modo de enseñar o las contradicciones que invitaban a meditar más profundo en sus significados? ¿Por qué la gente lo seguía tanto? Dicen las escrituras que una muchedumbre permaneció con él tres días hasta quedarse sin comer con tal de escuchar sus enseñanzas. Es muy interesante saber que Jesús no vino a este mundo ya preparado, sino que tuvo que tomarse el tiempo, como todos nosotros, para llegar a la madurez que logró a los treinta años.

Entonces si la mente del individuo refleja claramente cómo es su personalidad, no cabe duda de que la mente de Cristo estuvo preparada para enfrentar la inteligencia más dotada en esos tiempos. Pero aun así, la mente no tiene que ver con inteligencia. La mente de Cristo también provocó que los mejores genios de esa época fuesen a brindarle tributo por su nacimiento, pero, aun así, la mente tampoco tiene que ver con genialidad. La mente de Cristo también logró sostener un buen argumento en los tribunales de su tiempo, pero, aun así, la mente no tiene que ver con virtudes de erudición y conocimiento. O quizá la mente de Cristo consiguió tal madurez por su edad y sus años de experiencia, y, aun así, la edad nunca ha sido la marca de madurez y juicio. La mente de Cristo nunca se podrá medir en términos de inteligencia, ancianidad, lucidez o conocimiento. Pero no se puede pasar por alto que tal capacidad mental en Jesús fue tan impresionante que él pudo penetrar en otras mentes, estar en ambos dominios —espiritual y mundano— sin perder conciencia de cada uno, intervenir en las energías de otros sin que la suya sufriera efectos negativos y confrontar tempestades, escándalos, arrebatos y otras demostraciones retorcidas o endemoniadas sin comprometer su integridad. La mente de Cristo estuvo tan avanzada en su forma de procesar y resolver problemas de toda índole que Él nunca aceptó la enfermedad como parte de las consecuencias personales, nunca contempló la muerte como parte de su destino, nunca aceptó la derrota como opción de sus rivalidades, nunca utilizó los prejuicios, las obsesiones y la ignorancia como excusas para no vivir una vida más libre. Siempre afirmaré, sin ninguna vacilación, que la mente de Cristo estuvo motivada todo ese tiempo y predispuesta, incitada y convencida de lograr tantas cosas inimaginables por el amor que Él demostró tenerle a Dios, su Padre. Y ese mismo amor de Dios hacia todos nosotros fue lo que motivó a Jesús a ser obediente hasta la muerte.

Jesús tuvo una mente inexplicablemente sorprendente, consciente no del tiempo o los factores externos, sino más bien de la inmortalidad que tendrían todas sus palabras, sus pensamientos, sus acciones y la propia repercusión de toda su vida.

Ejercicio espiritual: Sin hacer comparaciones religiosas, podemos apreciar que la mente de Cristo tocó muchas esferas de influencia y, hasta la fecha, continúa siendo motivo de exploración y asombro. Tal vez esto hace que Jesús sea la mejor inspiración para perfeccionar nuestra vida espiritual. Pero para alcanzar tales enseñanzas debemos tener mucha seguridad en esta mente de Cristo, para que abandonemos todo prejuicio, miedo, preferencia, inseguridad y ciertos cuadros mentales. Así le daremos libertad al Espíritu para que nos moldee y nos transporte a un estado más elevado de percepción y conciencia de lo que estamos acostumbrados.

XI

No hay mujer ni hombre

E STE CAPÍTULO NO intenta hacer ninguna polémica
en cuanto a la posición que ocupan el hombre y la mujer
en ámbitos religiosos u otras esferas de liderazgo. En mi opinión,
todos debemos ser tratados conforme a nuestro espíritu y basar
nuestras conclusiones o sugerencias partiendo de ese punto
importante. En épocas antiguas, no existía ninguna clase de
derechos; la esclavitud o la libertad de los seres humanos estaban
solo a merced de los más poderosos. Las guerras por conquistar
imperios siempre eran el apetito de los prepotentes y la miseria
de los más desafortunados. Aun entre las más nobles creencias
y los sistemas religiosos ha existido el apetito de hacer imperios
y destituir a todos aquellos que impidieran el establecimiento
de su despotismo y supremacía, hasta llegar al punto de oprimir
y esclavizar a los más desafortunados si fuese necesario. Y
desgraciadamente, esta misma actitud continúa demostrándose
entre diferentes clases sociales, géneros y culturas. Aunque hemos
avanzado mucho, aún nos falta más para quitarnos prejuicios,
machismo, feminismo, racismo, etcétera.

La idea de practicar ciertos derechos para que todo ser
humano sea tratado con justicia, igualdad e imparcialidad
surgió a raíz de la Segunda Guerra Mundial, la cual resultó
finalmente en un documento llamado «Declaración Universal
de los Derechos Humanos». Estos derechos humanos —
llamados así porque son universales— se basan en el principio
de respeto por el individuo. Su suposición fundamental es que
cada persona es un ser moral y racional que merece que lo
traten con dignidad. Todos los poseemos (sin importar quiénes

somos, dónde vivimos o cuáles son nuestras preferencias); nos pertenecen simplemente porque estamos vivos.

Pero una de las cualidades muy significativas que todo ser humano debería entender y apreciar es que en el mundo espiritual no existe el tiempo, ni el tiempo puede poner limitaciones a las experiencias espirituales; no hay diferencias de sexo, ni el sexo puede restringir los elementos (identidades) espirituales (no hay hombre ni mujer, todos somos espíritu solamente); no existen culturas, ni las culturas pueden ejercer preferencias en asuntos espirituales; no hay diferentes niveles de educación, ni la educación puede imponer sus prioridades en las cosas espirituales. Entonces si decimos ser espirituales y lo confirmamos todo el tiempo, ¿por qué continuamos tomando preferencias en ciertos factores para restringir, limitar, prohibir, diferenciar o discriminar a ciertas personas? ¿Entonces no es verdad que todos tenemos las mismas responsabilidades y los mismos derechos como seres espirituales que somos?

De la misma forma que existen los derechos humanos, como seres espirituales todos tenemos derecho a libertades que están garantizadas sin importar la edad, la educación, el sexo, el nivel o grado que uno ejerce en la sociedad. Estos son los derechos y las virtudes que nos pertenecen simplemente por ser seres espirituales. Pero es necesario recalcar que aunque existan estos derechos universales, también hay ciertas alianzas que disfrutan de derechos específicos que aplican solo a ellas. Para decirlo en términos más sencillos, hay ciertas declaraciones o promesas que Jesús menciona que solo aplican a las personas que deciden tomarlo a Él como su salvador. Pero, aun así, estos derechos específicos no pueden contradecir los universales.

Después de haber estudiado la lista de derechos humanos universales —son treinta que fueron establecidos para todos simplemente por la virtud de estar vivos—, me tomé la libertad de usar varios de ellos para darnos una mejor idea de que también como seres espirituales tenemos derechos que no deben ser violados simplemente porque nuestros propios prejuicios y nuestra limitada mente no nos permiten ver las cosas de forma más amplia. Y aunque parezca una ironía o burla el modificar un poco el contenido de estos derechos humanos, me he tomado el atrevimiento de hacerlo para generar conciencia de que entre hombre y mujer no deben existir comparaciones que opriman, esclavicen o lastimen el espíritu de uno. Somos espirituales antes de ser materia. Dios, el Creador, nos hizo semejantes a Él, y en Él no hay hombre o mujer.

1. Como seres espirituales, todos nacemos en la misma condición, nadie recibe ningún privilegio o inmunidad. Por lo tanto, todos debemos ser tratados con la misma dignidad y los mismos derechos, adjudicados como están de conciencia, capacidad y razón, con un deber individual de comportarnos con respeto los unos con los otros.

2. Todo ser espiritual tiene todos los derechos y las libertades que son proclamados por leyes espirituales, y tales leyes espirituales no hacen distinción alguna de raza, color, sexo, edad, idioma, preferencia religiosa, opinión política o de cualquier otra índole, origen nacional o social (no hay distinción ni preferencia alguna entre judíos, griegos u otra nacionalidad), no hay privilegios por cierta posición económica o nacimiento, o cualquier otro factor o condición.

3. Todo ser espiritual tiene derecho a la vida, a encontrar un propósito para existir, a disfrutar de la libertad que el espíritu le ofrece y a la seguridad de saber que fue creado individualmente como persona.

4. Ningún ser espiritual debe ser sometido a esclavitud ni a servidumbre, la esclavitud de espíritu y el forzar ciertas conductas o disciplinas en otros están prohibidas en todas sus formas. El espíritu siempre debe ser libre.

5. Ningún ser espiritual será sometido a castigos, martirios, torturas ni penas o tratos crueles, actos sangrientos, atroces o degradantes, aparte de que nadie tiene el

derecho de degradar o humillar el espíritu de otra persona.

6. Todo ser espiritual tiene derecho, en todas partes, al reconocimiento de su individualidad y los rasgos distintivos que lo hacen especial, no hace falta la comparación entre seres espirituales.

7. Todos somos iguales ante Dios, y tenemos, sin distinción, el mismo derecho a ser amados por Dios, nuestro Creador.

8. Todo ser espiritual tiene derecho a refugiarse o buscar refugio contra toda forma de discriminación que distorsione el amor incondicional de Dios para con uno, pero no de ser causante de provocaciones que ocasionen cualquier tipo de discriminación, distinción entre personas o injusticias a la humanidad.

9. Todo ser espiritual tiene derecho a un recurso efectivo ante los criterios o principios humanos competentes que lo ampare contra cualquier acto que trate de violar sus derechos fundamentales reconocidos por Dios, por ejemplo, el derecho de ser amado, de vivir, de ser libre, de elegir, etcétera.

10. Ningún ser espiritual podrá ser injustamente limitado, oprimido, alejado o rechazado en buscar su propia superación.

11. Todo ser espiritual tiene derecho, en condiciones de plena igualdad, a ser oído públicamente y con justicia por su criterio, siendo este sin prejuicios, independiente e imparcial, para la determinación de sus derechos y obligaciones, o para el examen de cualquier acusación en materia de injusticias.

12. Todo ser espiritual acusado de injusticia tiene derecho a que se presuma su inocencia mientras no se pruebe su culpabilidad, conforme a leyes espirituales y con un discernimiento íntegro y transparente en el que se le hayan asegurado todas las garantías necesarias para proteger su testimonio.

13. Ningún ser espiritual será objeto de intrusión injusta, por parte de otros, a su vida privada, su familia, su domicilio o su correspondencia, ni de ataques a su honra, su integridad o su reputación. Toda persona tiene derecho a ser protegida de prejuicios y de los daños que estos causan por personas entrometidas que solo buscan atacar o juzgar injustamente.

14. Todo ser espiritual tiene derecho a buscar su espiritualidad libremente y a elegir su dirección o albergue espiritual en el lugar que más desee.

15. En caso de persecución, todo ser espiritual tiene derecho a buscar asilo, y a disfrutar de él, en cualquier lugar donde se le ofrezca la protección necesaria y la libertad que se merece.

16. Todo ser espiritual tiene derecho a formar parte de una comunidad.

17. Todo ser espiritual —sea dentro de un hombre o de una mujer—, a partir de la edad de la madurez y la responsabilidad, tiene derecho, sin restricción alguna por motivos de raza, nacionalidad o religión, a asociarse y disfrutar de iguales derechos en cuanto una asociación o alianza limpia que comparte similitud de criterios o pensamientos. Y así no continuar con prejuicios de formar solo asociaciones entre hombres o solo entre mujeres, simplemente por tratar de evitar malos entendimientos. De esta manera, toda buena amistad debería ser libre de todo prejuicio.

18. Todo ser espiritual tiene derecho a continuar fomentando su individualidad e inspirando una esfera colectiva para lograr más resultados positivos.

19. Todo ser espiritual tiene derecho a la libertad de pensamiento, de conciencia y de religión; este derecho incluye la libertad de cambiar de creencia y de manifestar su religión, individual y colectivamente, tanto en público como en privado, por la enseñanza, la práctica, el culto y la observancia.

20. Todo ser espiritual tiene derecho a la libertad de opinión y de expresión; este derecho incluye el de no ser molestado a causa de sus opiniones, el de investigar y recibir informaciones y opiniones, y el de difundirlas, sin limitación de fronteras, por cualquier medio de expresión.
21. Todo ser espiritual tiene derecho a la libertad de influir positivamente en reuniones y asociaciones pacíficas.
22. Todo ser espiritual tiene derecho a hacer partícipe su propia espiritualidad en cualquier ámbito secular, ya sea en el gobierno de su país, en su casa o en otros medios de interacción regular (escuelas o medios sociales).
23. Todo ser espiritual, como parte de esta humanidad, tiene derecho a sentirse seguro social, política y culturalmente, y puede recibir los recursos necesarios para el desarrollo o el mantenimiento de su libertad individual.
24. Todo ser espiritual tiene derecho a la disciplina de su espíritu, a la libre elección de sus disciplinas, a las condiciones equitativas y satisfactorias de ellas.
25. Todo ser espiritual tiene derecho al retiro o tiempo de alejamiento (descanso espiritual), al disfrute de ese tiempo libre y personal para la reflexión y contemplación de su interior.
26. Todo ser espiritual tiene derecho a buscar un nivel de superación adecuado, y sobre todo eligiendo su alimentación y el estudio necesario para su enriquecimiento espiritual sin que estas disciplinas sean forzadas en uno.
27. Todo ser espiritual tiene derecho a tomar parte libremente en la vida espiritual como comunidad, a disfrutar del convivio o los grupos de motivación, y a participar en el progreso de su espiritualidad colectivamente y en los beneficios que de esa comunidad resulten.

28. Todo ser espiritual tiene derecho a que se establezca un orden espiritual en el que los derechos, las libertades y las responsabilidades de todos se hagan plenamente efectivos.

29. Todo ser espiritual tiene deberes respecto a la comunidad, puesto que solo colectivamente uno puede desarrollarse más libre y plenamente para el provecho de su espiritualidad.

30. Ninguno de estos derechos espirituales podrá interpretarse en el sentido de que confiere derecho alguno a cualquier individuo o institución para emprender y desarrollar actividades o realizar actos inclinados a la supresión, la eliminación o la omisión de cualquiera de los derechos y libertades que todo ser espiritual tiene ante Dios y ante los hombres.

Tal vez esta no haya sido la mejor forma de explicar la importancia de reconocer que todos tenemos derechos y debemos ser igualmente tratados sin injusticias o prejuicios, sin importarnos qué peregrinación hacia nuestra espiritualidad hemos escogido para nuestra vida. Sí es necesario insistir en que si ya hemos logrado ser conscientes de que todo ser humano tiene derechos por el simple hecho de vivir, ciertamente también deberíamos tener derechos por el simple hecho de que contamos con un espíritu que también existe dentro de nosotros. Pero el constante conflicto entre religiones, creencias y tradiciones ha causado trágicas pérdidas de muchos seres humanos porque sus vidas no se valoraron lo suficiente como para defenderlas de la soberbia y el egoísmo que marcó una distinción y discriminación en la violación de sus derechos. Tal vez sería necesario meditar seriamente en los actuales derechos de todo ser humano y analizar si el feminismo, el machismo o el imperialismo no han llegado ya al extremo.

Ejercicio espiritual: Entiendo que este puede ser un punto muy controversial, ¿pero acaso no lo fue Jesús también en sus enseñanzas? ¿Entonces cómo debemos apreciarnos todos: por lo externo que somos y tenemos, o por lo interno de la persona (el espíritu)? La reflexión y la contemplación de este punto es muy personal, pero necesaria.

XII

Inmortalidad

LA ESPIRITUALIDAD SIEMPRE se ha relacionado con la muerte, ya sea por la extinción de nuestro egoísmo, por el trance a otra vida o sitio después de la defunción corporal, por la relación que hay entre la muerte y el nacimiento de nuestras etapas en la vida o por la misma inmortalidad que se logra a través del espíritu.

Pero aunque llega a ser polémico y muy discutido, no podemos abandonar el tema de la inmortalidad si vamos a hablar de espiritualidad.

Hay personas, si no la mayoría, que toman este proceso de morir como una maldición, como un resultado apocalíptico de su desobediencia. Y el llegar a la ancianidad les parece repugnante, intolerable.

El ser humano, una vez que encuentra la pasión para vivir o el propósito de su existencia, por muy pequeño que este parezca comienza a rechazar la idea de morir o cualquier factor que le indique la disgregación de su vida. Sucede también con los seres queridos: cuando sentimos que alguien nos va a hacer mucha falta al morir, rechazamos la idea de no verlo más, y aun cuando esta muerte puede ser repentina nos cuesta entender los motivos de esta brusca separación. Son muchas las razones por las que el ser humano considera la muerte como el peor de los males, aunque esto exprese algo bueno y termine con todos los demás males que padecemos en este mundo (por ejemplo, un cáncer u otra enfermedad crónica). Aunque sea algo sarcástico, tendemos a escribir historias, poemas, canciones, novelas o películas honrando a la muerte, y sin embargo, no dejamos de odiarla, de rechazarla o de renegar por su inesperada visita… Finalmente, la prestigiamos y aceptamos el poder de su aguijón. Con palabras más sencillas, es como no querer verle la cara a la muerte, pero igual detenerse con asombro para tratar de asimilar la experiencia misma. Por esta razón, al no tener suficiente autoridad para vencer la muerte, preferimos verla como parte del proceso de la vida.

Yo me pregunto si habrá sucedido lo mismo en el Viejo Continente, cuando la gran mayoría de la gente pensaba que no había vida después del mar. Pero hubo algunos que se arriesgaron a todo, aun hasta a perder su propio juicio y la razón, o la aceptación y el respeto, pero la intuición les indicaba que había algo más después del mar (un continente nuevo) que aún no se había explorado.

Esto mismo nos pasa a la gran mayoría de nosotros. Preferimos pensar que si las escrituras dicen que Jesús venció la muerte, esa referencia solo abarca a lo espiritual. Y ante la cobardía de pensar muy diferente de la mayoría, optamos por llegar a la conclusión de que todos están bien y que el término de «vencer a la muerte» es simplemente un fenómeno que afecta nuestra naturaleza, pero no al individuo interior que se encuentra en nosotros (catalogándose este como espíritu, alma o como uno quiera verlo).

La dificultad para entender este tema a fondo se da porque las escrituras han tenido gran influencia sobre nuestra mente. Pero no son las escrituras en sí el problema, sino más bien la pobre interpretación que varias personas les han dado. Por ejemplo, no olvidemos cuántas veces se ha hablado de que el fin del mundo se acerca ya, de la segunda venida del Señor, de los últimos días, etcétera… y mucha gente sigue con una mente muy limitada porque no ve el beneficio a largo plazo ni el sentido de avanzar en sus sueños, si total el Señor puede llegar la próxima semana. En estos casos, la muerte parece tener más provecho o ventaja, porque como indica la Biblia, el vivir es Cristo y el morir es ganancia. En otro lugar del libro sagrado también se declara que son bienaventurados los muertos que mueren en el Señor.

Ahora eso es lo que dicen las escrituras, pero la interpretación que se le ha dado a la palabra de Dios siempre ha sido a ganancia de las instituciones, sin importar las consecuencias negativas de esas interpretaciones que ya se han divulgado. Y muchos son los autores que han seguido esos mismos pasos, dándole a la muerte más crédito de lo que ella se merece. La muerte siempre se ha convertido en tema de argumento y contienda, porque todo movimiento espiritual que sobresale le da una reflexión diferente, y su significado ha cambiado la forma de pensarla o considerarla. El pesimista, el idealista, el platonismo, el ocultismo, las filosofías modernas, los teólogos, ninguno ha podido resolver el enigma de la muerte. Tanto las explicaciones abstractas o teóricas como las espirituales solo pueden reconocer que la materia de uno es lo que termina; es como volver a decir que el hombre es mortal, pero no su espíritu. Sin embargo, todos llegamos a esta misma conclusión, porque nadie ha podido ver algo diferente. Nos falta aún mucha más fe para cruzar al otro lado del mar y ver un nuevo continente. No nos conformamos con el relato de la Biblia que cuenta que Jesús se apareció tres veces a sus discípulos después de su muerte.

Con lo único que hemos logrado avanzar es con lo que uno llega a entender cuando es transportado por un túnel y logra tener una visión de «allá para acá» o contemplar un panorama espiritual completamente diferente al mundo donde uno radica naturalmente. Lo menciono como un avance porque por lo menos es algo muy mínimo de lo que podría realmente suceder. Es como si los descubridores de un nuevo continente tuvieran sueños y visiones, y por muy mínimos que fuesen, por lo menos comenzaran por eso para arriesgarse e ir tras sus sueños.

¿O será que el cuadro (visión) de ver algo después de la muerte se acelera en nuestra mente por el deseo de considerar la inmortalidad como algo que debemos saber esperar y comenzar a proyectarnos para vencer la repugnancia y el sufrimiento que sentimos siempre que vemos llegar a la muerte? Al pensar así, entonces la muerte ya no se ve como una degradación, sino más bien como una profunda aspiración que, en cierta forma, se venera y se celebra —y es solo mi mente analizando este tema con toda la amplitud necesaria—.

En realidad, la muerte como tal puede presentarse como algo beneficioso y favorable; conforme a los sermones de los funerales, puede ser la perspectiva que le da sentido a la vida terrena y mortal, y un paso necesario, es como una frontera entre esta vida y la del más allá. Aunque esta frontera es relativamente transitoria; dolorosa, quizás por ser desconocida; y problemática, sobre todo porque introduce al hombre en su destino final. Pero todo creyente aprecia esto más y piensa que, a través de esta experiencia, comienza una posible riqueza inmortal que anhela profundamente, ya sea por la paz que se espera encontrar o por el descanso de no sufrir más en un cuerpo mortal. Pero al mismo tiempo, así como el creyente espera tal experiencia con anticipación, la misma muerte no deja de sonreírle irónicamente, haciéndole sentir su burla, tratando de decirle que no hay ningún ser humano que pueda escaparse de sus manos. Realmente la muerte y el nacimiento son eventos muy paradójicos y contradictorios, ya que ni la muerte ni la vida terrena se explican por sí solas. Unos no pidieron nacer, otros no desean morir o viceversa: unos quieren ya descansar y otros no. Ambos eventos pueden venir por gracia o desgracia, en plenitud o en vacío. En ambos casos, nadie sabe lo que le espera al venir a este mundo o al pasar al otro. Y solo con fe y por fe nos podemos agarrar de las promesas que Dios nos ha dado.

Ya sea en términos muy vagos o con certeza, la mayoría de la gente observa una inmortalidad en dos formas diferentes: la de la vida humana y la del espíritu.

¿Cómo podemos entender la inmortalidad de la vida humana? Este es el legado que dejamos al irnos, nuestros recuerdos, el aroma, las costumbres y todo lo que hace memoria o un recordatorio de nuestra propia vida y de lo que realizamos o logramos. Como un permanente recordatorio para todos de las grandes obras y nobles hazañas que la persona llevó a cabo en la tierra. En otras palabras, lo que perdura del hombre es la fama, la gloria de sus obras, el nombre, en lo que se destacó y lo que lo hizo responsable. Entre más avanzamos en edad, es más nuestro deseo de dejar una huella de nuestros gustos y de todas las actividades a las que les dimos vida, para que perdure para siempre en la memoria de nuestros seres queridos.

Pero también está la inmortalidad del espíritu humano. Esta habla más de nuestra individualidad, de nuestra alma, de la dedicación, de la pasión y de las virtudes que nos distinguieron; haciendo un desprendimiento de todo y de todos que nos ayude a sobresalir como seres únicos. Contrariamente a la primera clase de inmortalidad, esta no trata de aniquilar a la persona, sino más bien de continuar su individualidad para siempre existir o memorizar su mejor parte del espíritu, que no se mezcle con lazos o deseos de la carne, del mundo o de la vida ordinaria. Podríamos decir que una inmortalidad tiene cierto aspecto subjetivo y la otra es más objetiva.

Pero en este último capítulo, lo que necesitamos entender con más profundidad es todo aquello que tiene que ver con nuestra espiritualidad, y si es posible, que su inmortalidad va más allá de lo que nuestra mente se puede imaginar. Cuando Dios decidió crear al ser humano y hacerlo semejante a Él, el ser humano recibió el regalo más hermoso, el cual lo distingue de toda bestia y de todo lo demás creado en la tierra: su espíritu; y su inmortalidad se basa en el acto creador de Dios. El espíritu del hombre no es una divinidad en miniatura, pues su inmortalidad obedece al don que Dios ha otorgado cuando lo creó. Y aunque este punto de vista se puede volver un argumento válido (como el descubrimiento de un nuevo continente), en todo caso la espiritualidad y la inmortalidad del espíritu son objeto de fe en Dios y sus promesas. Pero por si la fe en Dios no es suficiente, estas son otras razones personales por las que el espíritu es inmortal:

1. Existe la ley de los extremos; si hay un lado negativo, tiene que haber uno positivo. Si existe la oscuridad, debe existir la luz; y si existe la verdad, debe existir la mentira. De esta misma forma, si la muerte es eterna después de

no existir más, la vida también debe ser eterna después de no morir más.

2. El espíritu viene de un Ser que no es corruptible y que vive para siempre, el cuerpo hecho de algo corruptible no vive para siempre. El espíritu pertenece a una realidad y una perfección, mientras que el cuerpo se sostiene de un mundo que está marcado por cambios, deterioro y decadencia.

3. En el ámbito espiritual no hay ningún factor que tenga influencia o control sobre él, por lo tanto, no deja de ser; ni el tiempo ni la distancia le ejercen control alguno. Lo espiritual permanece como es y como ha sido, no cambia. En cambio, en lo visible, todo sufre cambios dependiendo de los factores que influyan, y si existen cambios, dejan de existir.

4. La función del espíritu es dar vida. Pero la vida por su propia naturaleza no puede convertirse en su contrario, la muerte. El espíritu, por lo tanto, permanece para siempre.

Para entrar en este tema más profundamente, tenemos que entender que muchas personas aprecian esta idea de inmortalidad a través de dos concepciones: la reencarnación y la resurrección.

Según la doctrina de la reencarnación —también llamada «metempsicosis»— el espíritu inmortal del hombre retiene siempre su individualidad e identidad mientras va trasladándose de cuerpo en cuerpo, de situación vital en situación vital, de cultura en cultura, de mundo en mundo. De este modo, se asegura una inmortalidad «individual» vivida en un contexto corporal, social e histórico. Sin embargo, está claro que la doctrina de la reencarnación, que no se justifica fácilmente desde el punto de vista racional y científico, ofrece una solución pobre y a corto plazo.

En la resurrección, por su parte, una sola cosa es necesaria: que el hombre adquiera su propia realización por sí mismo y consigo mismo; algo que no puede ser posible por sus propios esfuerzos, si este hubiera sido el caso, la resurrección colectiva habría pasado hace mucho tiempo. En otras palabras, el hombre no puede obtener la inmortalidad y la plenitud con los propios medios, o con lo que tiene a su inmediata y autónoma disposición, porque: 1) necesita una mente más avanzada para procesar tal transformación, 2) su conocimiento en el proceso debe ser más auténtico y real, no puede mezclar la realidad con lo vano, 3) se necesita mucho valor y resolución para dar el paso, pero la mayoría de las veces actuamos con el prejuicio del qué dirán y nos cuesta ir en contra de la marea.

La fe cristiana introdujo desde hace muchos años cómo comprender la caída del hombre y el destino que él se formó por la falta de discernimiento y por no poner atención en las cosas que podían dañar su espíritu —llamémosle a este pecado «original», o que tenga la forma que cualquiera de nosotros quiera darle—, pero el espíritu que Dios le había dado al hombre era semejante al de Él, puesto que fue Él quien sopló y le dio vida al ser humano. Después Jesús viene a nuestra vida y a este mundo para enseñarnos cómo restablecer la relación con Dios, nuestro Padre y Creador. Así la fe cristiana comienza a proclamar la esperanza en la resurrección de todos los hombres cuando estos aprenden la perpetua y perfecta unión entre el espíritu, el alma y el cuerpo. ¿Por qué esta necesaria unidad? ¿Cómo se puede sostener una casa si dentro de ella hay divisiones? Una vez que podamos entender mejor nuestras emociones, nuestra mente, nuestro corazón, nuestros impulsos y todo nuestro ser, podremos más fácilmente abrazar la idea de que de ese mismo modo en que Cristo ha resucitado de entre los muertos y vive para siempre, igualmente los justos después de crucificar su propio orgullo o egoísmo (ego) también podrán vivir para siempre con Cristo resucitado.

Esto es lo que hace la vida cristiana aún más interesante, su resurrección. Creer en la resurrección de los muertos ha sido desde sus comienzos un elemento esencial de esta fe.

Sin embargo, podemos hacer la siguiente observación. La resurrección es una doctrina revelada; en su actuar se requiere la intervención directa del Dios omnipotente. ¿Y por qué es necesaria esta intervención? Porque la muerte del hombre no fue puramente natural, sino el resultado de no saber llevar su vida debidamente (siendo este motivado por el pecado).

Pensar en la inmortalidad de nuestro ser no es algo descabellado, una vez más, y por última vez, recordemos que el descubrir un nuevo continente fue también una idea de locos fuera de su mundo. Pero para mí no deja de ser un sueño que se va a convertir en realidad, y es muy posible que hasta nuestros propios cuerpos sean transformados también. El camino a nuestra inmortalidad se encuentra en el interés y la pasión de nuestra espiritualidad.

Ejercicio espiritual: La inmortalidad del ser humano aún es muy difícil de aceptar, nuestra propia mente limitada no se atreve a ver las posibilidades, ya que hemos vivido en un mundo muy fracturado y complicado para relacionarnos los unos con los otros. Aun así, una conciencia universal logrará dar ese brinco. El problema no está en la realidad de la inmortalidad, sino en la percepción privada, ya que aún no hemos avanzado en nuestra espiritualidad individualmente.

EPÍLOGO

SINCERAMENTE ESPERO QUE este libro nos haya motivado a buscar todo lo que pertenece al mundo espiritual. Y aunque lo espiritual aún continúa en etapas muy prematuras, es interesante saber que queda mucho más que descubrir. Lo espiritual se puede comparar a los abismos del mar más profundo: todavía hasta la fecha se continúan descubriendo nuevas especies, nuevos géneros y nuevas creaciones que aún no tienen ni nombre. El ambiente espiritual también se puede comparar a los agujeros negros que existen en el universo, de los cuales nuevas energías se liberan.

Como conclusión a todo este estudio, pongamos la espiritualidad en una perspectiva más simple. Ella no tiene nada que ver con un interés religioso, al pensar de esta forma estamos limitando todo conocimiento de la espiritualidad a escuelas dominicales, iglesias y sociedades rudimentarias que en vez de motivar la exploración espiritual solo sirven como un yugo en el cuello. La espiritualidad de las personas no depende de normas religiosas o creencias establecidas, de hecho, la raíz de la palabra *espiritualidad* proviene del verbo latino *spiro*, que significa «respirar, exhalar», y del sustantivo *spiritus*, que significa «respirar, respirando, aire, alma, vida». Por este mismo origen de la palabra en latín podemos ver que nuestros antecesores creían en una conexión entre nuestra alma y nuestra respiración, y que, por lo tanto, el ser espiritual era tan vital como el aire que uno respira. Aunque esta aplicación cambió después de que la religión romana reformara esta misma palabra solo para usos eclesiásticos. Con el tiempo, la palabra ha sufrido muchas modificaciones trascendentales y otras superficiales e innecesarias. Por eso no sería raro encontrar respuestas muy diversas si preguntáramos por la calle lo que la gente entiende por «espiritualidad».

El mensaje de este libro no es contar cómo el significado y la aplicación de la espiritualidad han sido modificados por los conceptos y pensamientos del ser humano. Es bueno reconocer que sí se han logrado muchos avances, desde la aceptación de alterar la forma antigua de pensar de las congregaciones de las iglesias, donde sostenían que la única forma de conocer a Dios era a través de aislamientos, retiros y recluyéndose por largo tiempo. Otra de las reformas positivas es el aceptar el poder de la esencia interna del individuo, la cual es una actitud que va en contra de la predestinación y otorga más derechos y responsabilidades al carácter y los atributos que residen en cada persona. Sin olvidar tampoco otro avance muy significativo que se ha logrado al entender que nuestra espiritualidad no depende del clero o de la religión. Es responsabilidad de cada uno encontrar nuestro propio interior y no depender de instituciones, o pensar que estas son las únicas que pueden aportar o impartir las verdades de nuestra realidad.

Hablar de espiritualidad es tocar temas profundos, y tal vez por esta razón a muy pocas personas les gusta explorar esta área. La espiritualidad es tan vieja como las pirámides de Egipto, las danzas de los indios nativos de Norteamérica, las culturas aztecas, etcétera. La idea de buscar respuestas de nuestra propia existencia y tener una relación personal con nuestro Creador o alguna fuerza celestial e omnipotente condujeron a un fuerte reconocimiento en ciertas prácticas que también han evolucionado con el tiempo, como las danzas, el estudio del firmamento, los cultos tradicionales, las prácticas de meditación y contemplación, etcétera. Y gracias a estos avances, el estudio, la exploración y las oraciones individuales se han vuelto experiencias más personales, más profundas y más conectadas a la omnipotencia y omnipresencia divina de Dios.

La espiritualidad del ser humano se ha ido modificando en el transcurso de los diferentes eventos que han dejado marcas muy negativas por parte de diferentes religiones, olvidándonos que gracias a ellas los derechos humanos fueron establecidos, y que los avances en ciencia, educación y medicina tuvieron su origen en ciertas religiones que aún existen en la actualidad. Pero el actual rechazo de la religión institucionalizada se originó de la publicidad negativa que lamentablemente a menudo está tan profundamente conectada con ella. Debido a las tragedias que a veces pueden resultar de la religión —desde los innumerables actos de violencia por parte de los fanáticos y los atentados terroristas hasta los casos de abuso infantil—, cada vez más gente quiere distanciarse de las religiones organizadas y prefiere hacer sus propios descubrimientos en el peregrinaje a una vida interior más honrada, íntegra y significativa que la conecte al ambiente espiritual sin tener que contender o discutir con un mundo que está completamente dividido y fracturado.

Y aunque toda esta explicación nos pueda dar la ilusión de que ya sabemos lo suficiente para entender lo que es la espiritualidad, lo cierto es que ni aun estando al tanto de la historia y las definiciones de la espiritualidad podremos llegar a tal conocimiento. La espiritualidad es como un agujero negro en el espacio (materia negra) que está siempre en expansión; sigue absorbiendo diferentes definiciones. La energía que podemos absorber en la espiritualidad es tan enorme que a su vez puede lograr grandes avances como buenos seres humanos que somos, pero también hacernos retroceder como seres irracionales que solo están desenfrenados a la maldad y el odio.

Si no olvidáramos que el fundamento de nuestra espiritualidad está en el conocimiento, la aceptación y el cultivo de la esencia que reside dentro de nosotros, lograríamos tener más tolerancia hacia los demás, respetando que la espiritualidad también es importante para ellos. La espiritualidad de cada persona debería tomarse como un valor positivo y aun superior, por muy diferente que este nos parezca, ya que, gracias a este valor, puede surgir una coherencia a otros valores morales éticos que ayuden al desarrollo individual y colectivo. Estos resultados son muy posibles porque toda espiritualidad está ligada a una mente consciente que establece la existencia de algo supremo y más grande que nuestros sentidos, facultades, emociones y limitaciones como seres humanos.

Sin la necesidad de hacer distinción de individuos o creencias, estas son algunas frases con referencia a la espiritualidad de autores diferentes, pero todas guardan algo en común.

- «Sepa entonces que el cuerpo es simplemente una prenda de vestir. Vaya en busca del usuario, no del manto», Rumi.
- «Orar es hablar con la parte más profunda de nuestro ser. Meditar es escuchar su respuesta», Jean Lévesque.
- «Espiritualidad es cierto estado de conciencia. Es un estado de gracia que uno obtiene dentro de su propio corazón y que debemos encontrar por nosotros mismos», Sri Ram.
- «Solo se volverá clara tu visión cuando puedas mirar en tu propio corazón, porque quien mira hacia afuera duerme, y quien mira hacia adentro despierta», Carl Jung.
- «Religión es creer en la experiencia del otro. Espiritualidad es crear y tener tu propia experiencia», Deepak Chopra.

El ser humano es muy complicado, y por pequeñas diferencias en su forma de analizar o pensar de los demás se vuelve muy subjetivo en sus conclusiones, en vez de tener un razonamiento más objetivo. Esta tendencia humana siempre nos limitará para entender a los demás, y por nuestra misma falta de conocimiento y aceptación, pensaremos que todos están mal menos nosotros, y esa actitud está muy lejos de lo que realmente significa ser espiritual. Como ejemplo, veamos dos cualidades: el ascetismo y la liberación.

El ascetismo es un modo de vida cuyo objetivo es la perfección moral y espiritual del ser humano a través de la renuncia a los placeres o cualquier cosa que impida el avance espiritual deseado. Una persona que desea asumir este estilo de vida ha decidido prescindir de las comodidades y de los lujos materiales, renunciar a las necesidades del cuerpo y cultivar únicamente los caminos del espíritu. Esta doctrina se abraza tanto en el cristianismo como en el budismo y el islamismo. Algunas prácticas de este estilo de vida son el celibato, referido a la evitación carnal, y el ayuno o abstinencia de la comida. El ascetismo puede también observarse como un retiro del mundo para llevar una vida apartada en el cultivo del espíritu. Si viéramos esta práctica con un aspecto subjetivo, encontraríamos miles de excusas para condenarla y desaprobarla, pensando que ya es innecesaria, indebida e inadecuada. Mas, en cambio, si comenzamos a razonar más objetivamente, entenderemos que aun los atletas profesionales se han asociado a ciertas formas rígidas de disciplina y práctica para lograr los resultados deseados. Estos mismos usan este tipo de disciplinas para llevar una vida reservada, estricta y sacrificada. Y aunque esta disposición no es para todos, hay personas que tendemos a tolerar ciertos cuadros o actitudes de unos, pero no de otros, aunque el objetivo de ambos sea similar. Y tal vez la falta de tolerancia para con los demás es lo que hace que nuestro razonamiento nos llene de más prejuicios, y estos prejuicios nos lleven a ser más subjetivos con las personas que no piensan igual que nosotros, en vez de nosotros tomar la iniciativa en considerar todo el panorama más objetivamente.

Quisiera decir que el espíritu fue el regalo más hermoso que Dios le dio al ser humano para diferenciarse del resto de los animales. Es donde hacemos conciencia de nuestros pensamientos, emociones y actitudes para poder tener comunión con Dios y con los demás. Pero fue un regalo que no aprendimos a apreciar, valorar y cuidar. Así como el ascetismo busca la forma de cultivar y desarrollar este regalo de Dios, también puede despreciar tal regalo, porque su aislamiento del mundo no le permite compartirlo con los demás. No estoy contradiciéndome, simplemente trato de explicar el equilibrio, la objetividad y la transparencia en todas las cosas. El ascetismo nos puede enseñar a desapegarnos de lo material para cultivar y perfeccionar el lado espiritual, pero si una persona que lo practica siente que es la única forma de obtener tal perfección espiritual, tal persona también está muy lejos de ser espiritual. Lo mismo pasa con el nirvana, que simboliza un estado de liberación. Hay personas que critican tal enseñanza y otras la celebran al punto de adorarla. El nirvana es el estar libre de sufrimiento, y el ser humano lo alcanza al finalizar su búsqueda espiritual y encontrarse ya libre de ataduras. Se puede traducir como la cesación o la extinción del sufrimiento desde su origen sánscrito y es una enseñanza propia del budismo, el hinduismo y el jainismo. El estado de nirvana —importante en las enseñanzas del Buda porque rompe la rueda o el ciclo del sufrimiento— es similar al ascetismo, que renuncia al apego y a los deseos materiales, los cuales solo traen sufrimiento y no elevan el espíritu. A través de la meditación y siguiendo los pasos básicos de las enseñanzas de Buda se puede llegar al estado de nirvana, considerado uno de los últimos pasos para lograr por los seguidores del budismo, el hinduismo o el jainismo.

El nirvana es usado en un sentido más general para describir a alguien que está en un estado de plenitud y paz interior, sin dejarse afectar por influencias externas. También se utiliza en el sentido de la aniquilación de ciertos rasgos negativos de la propia personalidad, porque el individuo consigue librarse de tormentos como el orgullo, el odio, la envidia y el egoísmo, sentimientos que lo afligen y le impiden vivir en paz. El nirvana señala un estado en el que se detiene toda actividad mental, con lo que, a su vez, se alcanzaría una liberación espiritual completa. El ascetismo y el nirvana tienen muchas cosas en común, así como el ramadán islámico. Todas estas prácticas son simplemente enseñanzas diferentes que toda persona que de verdad desea entender la espiritualidad en los demás debe aprender a tolerar y respetar.

Tampoco olvidemos que muchas personas que no participan en sociedades religiosas piensan que la espiritualidad del ser humano solo consiste en las actividades que ejercemos, sean estas la oración, el ayuno, la lectura, la meditación, el estudio, la congregación, etcétera. Pero sería una contradicción el aceptar que somos seres espirituales solo cuando nos conviene y no que como seres espirituales que somos, también ejercemos ciertas actividades espirituales, seamos consciente o no de ellas.

La espiritualidad es muy personal; el camino (el peregrinaje) que escogemos para entenderla y explorarla nunca debería ser tema de contienda o guerra entre seres humanos. Mejor es buscar caminos que nos unan en paz y no opciones que nos sigan dividiendo como seres humanos.